टूल अँड डाय मेकर TDM द्वितीय वर्ष हिन्दी MCQ

मनोज डोळे

Copyright © Manoj Dole
All Rights Reserved.

This book has been self-published with all reasonable efforts taken to make the material error-free by the author. No part of this book shall be used, reproduced in any manner whatsoever without written permission from the author, except in the case of brief quotations embodied in critical articles and reviews.

The Author of this book is solely responsible and liable for its content including but not limited to the views, representations, descriptions, statements, information, opinions and references ["Content"]. The Content of this book shall not constitute or be construed or deemed to reflect the opinion or expression of the Publisher or Editor. Neither the Publisher nor Editor endorse or approve the Content of this book or guarantee the reliability, accuracy or completeness of the Content published herein and do not make any representations or warranties of any kind, express or implied, including but not limited to the implied warranties of merchantability, fitness for a particular purpose. The Publisher and Editor shall not be liable whatsoever for any errors, omissions, whether such errors or omissions result from negligence, accident, or any other cause or claims for loss or damages of any kind, including without limitation, indirect or consequential loss or damage arising out of use, inability to use, or about the reliability, accuracy or sufficiency of the information contained in this book.

Made with ♥ on the Notion Press Platform
www.notionpress.com

डिजिटाइजेशन समय की मांग है। भविष्य में, प्रशिक्षण को अधिक सुविधाजनक और आसान बनाने के लिए ऑनलाइन इंटरनेट का उपयोग करके औद्योगिक प्रशिक्षण संस्थानों में प्रशिक्षण आयोजित करने की आवश्यकता होगी। एमसीक्यू प्रश्नों के एक सेट वाली ई-पुस्तकें प्रशिक्षुओं को उपलब्ध कराई जाएंगी क्योंकि उन्हें अपने औद्योगिक प्रशिक्षण संस्थानों में होने वाली ऑनलाइन परीक्षाओं की तैयारी के लिए बहुविकल्पीय प्रश्नों एमसीक्यू के अधिक आदी होने की आवश्यकता है।

इन सब बातों को ध्यान में रखते हुए औद्योगिक प्रशिक्षण संस्थान सतारा के प्रशिक्षक श्री मनोज मधुकर डोले ने नई वार्षिक प्रणाली और एनएसक्यूएफ-5 पाठ्यक्रम के अनुसार पुस्तकें लिखी हैं। और उन्होंने प्रशिक्षण को आसान बनाने के लिए सैद्धांतिक मोबाइल ऐप और ब्लॉग बनाए हैं, और इन सभी शैक्षिक सामग्री को विश्व प्रसिद्ध वेबसाइटों Google Play Store, Amazon और Apple Book Store पर डाउनलोड के लिए उपलब्ध कराया है।

पुस्तकों का प्रकाशन माननीय सहसंचालक श्री राजेंद्र घुमे साहेब प्रादेशिक व्यावसायिक शिक्षण व प्रशिक्षण कार्यालय, पुणे द्वारा दिनांक 9/1/2019 को किया गया, इस समय श्री प्रकाश सहगवकर साहब प्राचार्य शासकीय औद्योगिक प्रशिक्षण संस्थान औंध पुणे, श्री तुकाराम मिसाल साहेब प्राचार्य सरकार प्र. संस्था सतारा, श्री सचिन धूमल साहब जिला व्यावसायिक शिक्षा एवं प्रशिक्षण अधिकारी सतारा, श्री यतिन परगांवकर साहब प्राचार्य शासन. Q. संस्था कोल्हापुर, श्री विकास टेक साहब इंस्पेक्टर वोकेशनल एजुकेशन एंड ट्रेनिंग रीजनल ऑफिस पुणे, पालेकर फूड्स प्रोडक्ट्स प्रा. लि. सतारा के उद्यमी अध्यक्ष श्री नीलकंठराव पालेकर साहब, हीरा फूड्स के अध्यक्ष श्री इब्राहिम बाबा तंबोली साहब, श्रीमती शाल्मली पवार मुख्याध्यापिका शासकीय तकनीकी विद्यालय केंद्र सतारा सहित अन्य गणमान्य व्यक्ति इस अवसर पर उपस्थित थे।

क्रम-सूची

प्रस्तावना

टूल अँड डाय मेकर TDM द्विवीय वर्ष हिंन्दी MCQ आईटीआई इंजीनियरिंग कोर्स टूल एंड डाई मेकर (प्रेस टूल्स, जिग्स और फिक्स्चर) के लिए एक सरल ई-बुक है। , द्विवतीय वर्ष, में संशोधित एनएसक्यूएफ पाठ्यक्रम, इसमें रेखांकित और बोल्ड सही उत्तरों के साथ वस्तुनिष्ठ प्रश्न शामिल हैं, एमसीक्यू में सभी विषयों को शामिल किया गया है, जिसमें सीएनसी टर्न सेंटर और सीएनसी मशीनिंग सेंटर के संचालन और प्रोग्रामिंग के बारे में सभी शामिल हैं। , CAM सॉफ्टवेयर के साथ 2D और 3D मशीनिंग, निर्माण ड्रिल जिग और फिक्स्चर भी व्यावहारिक का हिस्सा है। घटकों के उत्पादन के लिए ईडीएम और तार ईडीएम ऑपरेशन, ब्लैंकिंग और पियर्सिंग टूल का निर्माण, हाइड्रोलिक और न्यूमेटिक सर्किट का बुनियादी निर्माण और इलेक्ट्रिकल सर्किट और सेंसर की बुनियादी कार्यप्रणाली, विभिन्न मशीनों की ओवरहालिंग, ड्रिल, मिलिंग और खराद, V" का निर्माण झुकने का उपकरण और ड्रा टूल और बहुत कुछ।

हम प्रत्येक नए संस्करण के साथ नए प्रश्न उत्तर जोड़ते हैं। किसी भी त्रुटि/चूक के मामले में कृपया हमें ईमेल करें। यह यकीनन सभी इंजीनियरिंग बहुविकल्पीय प्रश्नों और उत्तरों के लिए सबसे बड़ी और सर्वश्रेष्ठ ई-बुक है।

एक छात्र के रूप में आप इसे अपनी परीक्षा की तैयारी के लिए उपयोग कर सकते हैं। यह ई-पुस्तक प्रोफेसरों के लिए सामग्री को ताज़ा करने के लिए भी उपयोगी है।

भूमिका

डीजीईटी नई दिल्ली और सीएसटीएआरआई कोलकाता अगस्त 2018 सत्र से आईटीआई में सभी व्यवसायों के लिए एक वार्षिक पैटर्न लागू कर रहे हैं। परीक्षा प्रणाली में भी बदलाव किया जाएगा और यह इस साल से ऑनलाइन हो जाएगी और चूंकि सभी प्रश्न वस्तुनिष्ठ प्रकार (एमसीक्यू) के हैं, इसलिए प्रशिक्षुओं को गहन अध्ययन की सख्त जरूरत है। इसे ध्यान में रखते हुए हमें पुराने NIMI पैटर्न पर आधारित पुस्तकें और नए वार्षिक पैटर्न का संपूर्ण अवलोकन प्रस्तुत करते हुए प्रसन्नता हो रही है, और हम आशा करते हैं कि ये पुस्तकें सभी व्यावसायिक निदेशकों और प्रशिक्षुओं के लिए एक मार्गदर्शक होंगी। है।

इन पुस्तकों को लिखने के लिए आईटीआई अकलुज के प्राचार्य जोहर अवाटे साहब ने कहा। आईटीआई सतारा सहगवकर साहब के पूर्व प्राचार्य, सहायक निदेशक श्री चंद्रकांत ढेकने साहेब क्षेत्रीय व्यावसायिक शिक्षा एवं प्रशिक्षण कार्यालय, पुणे, जिला व्यावसायिक शिक्षा एवं प्रशिक्षण अधिकारी सचिन धूमल साहेब एवं प्रधानाध्यापक शासकीय तकनीकी विद्यालय केन्द्र शाल्मली पवार मैडम एवं पुत्र अधिराज डोले, माता कुसुम डोले , मैं अपने पिता मधुकर डोले और पत्नी अश्विनी डोले को समय-समय पर उनके विशेष मार्गदर्शन और सहयोग के लिए बहुत आभारी हूं।

साथ ही, बहुत ही कम समय में श्री राजेन्द्र घुमे साहेब, संयुक्त निदेशक, व्यावसायिक शिक्षा और प्रशिक्षण क्षेत्रीय कार्यालय, पुणे द्वारा पुस्तक के प्रकाशन में उनके अमूल्य समय के लिए पुस्तक की समीक्षा की गई। मैं उनकी प्रतिक्रिया के लिए हृदय से आभारी हूँ।

पुस्तक लिखने की शुरुआत से ही निरंतर समर्थन के लिए मैं आईटीआई सतारा के प्रशिक्षक का आभारी हूं।

इस पुस्तक से, मैं खुद को धन्य मानता हूं कि मैंने आपके साथ ई-लर्निंग पर अपने विचार साझा किए। मैं यह दावा नहीं करूंगा कि यह पुस्तक पूर्ण है, क्योंकि पूर्णता को देखते हुए यह पुस्तक एक प्रयास है और अपनी शैशवावस्था में है। यदि उनका परीक्षण और सुझाव दिया जाए तो वे सुधार के लिए मूल्यवान होंगे।

मनोज डोले
दिनांक 9/1/2019

पावती (स्वीकृति)

21वीं सदी में औद्योगिक क्षेत्र में तेजी से बढ़ती मांग के अनुरूप बहु-कुशल कारीगरों की आपूर्ति के लिए व्यावसायिक शिक्षा और प्रशिक्षण विभाग के माध्यम से व्यावसायिक शिक्षा और प्रशिक्षण विभाग के माध्यम से व्यावसायिक शिक्षा और प्रशिक्षण प्रदान किया जाता है। संस्थानों के भीतर सभी व्यवसाय महत्वपूर्ण हैं, क्योंकि इन व्यवसायों के प्रशिक्षु उद्योग की मांगों के अनुसार बहु-कौशल विकसित करते हैं।

सभी व्यवसायों के लिए उपयुक्त एमसीक्यू ई-पुस्तकें उपलब्ध कराने के नेक इरादे से, यह देखते हुए कि औद्योगिक क्षेत्र के सभी उद्योगों में सभी परीक्षाएं ऑनलाइन आयोजित की जाती हैं और इसमें एमसीक्यू पद्धति के प्रश्न शामिल होते हैं। श्री मनोज मधुकर डोले ने नए वार्षिक पाठ्यक्रम के अनुसार एमसीक्यू पद्धति पर एक बहुत अच्छी ई-बुक लिखी है। यह ई-पुस्तक निश्चित रूप से सभी प्रशिक्षुओं, प्रशिक्षु उम्मीदवारों, प्रशिक्षण प्रशिक्षकों और अन्य संबंधितों के लिए एक मार्गदर्शक होगी।

पुस्तक के लेखक श्री मनोज मधुकर डोले, इंस्ट्रक्टर गॉव आईटीआई सतारा को 17 साल का प्रशिक्षण अनुभव है। एक नए वार्षिक पैटर्न के रूप में लिखी गई, यह ई-बुक प्रत्येक विषय के लिए लेआउट, सरल भाषा और सरल सिंटैक्स, आरेख और वीडियो को समझने के लिए आधुनिक डिजिटल क्यूआर कोड तकनीक को शामिल करती है। इसलिए मुझे विश्वास है कि यह ई-पुस्तक निश्चित रूप से गहन अध्ययन और परीक्षा अभ्यास के लिए उपयोगी होगी। उन्होंने जो कार्य किया है वह निश्चित रूप से काबिले तारीफ है।

श्री तुकाराम मिसाल
प्राचार्य शासकीय औद्योगिक प्रशिक्षण संस्था सातारा.

आमुख

हमारे औद्योगिक प्रशिक्षण संस्थानों की औद्योगिक प्रशिक्षण और सैद्धांतिक परीक्षा प्रणाली और इन परिवर्तनों को शिल्प प्रशिक्षकों और प्रशिक्षुओं द्वारा स्वीकार किया गया है। आपके औद्योगिक प्रशिक्षण संस्थानों में आयोजित सैद्धांतिक परीक्षाएं भी ऑनलाइन आयोजित की जाती हैं। चूंकि ये परीक्षाएं बहुविकल्पीय एमसीक्यू पद्धति की हैं, इसलिए प्रशिक्षुओं को ऐसे प्रश्नों का अधिक अभ्यास करने की आवश्यकता होगी।

इन सब बातों को ध्यान में रखते हुए श्री मनोज मधुकर, निदेशक, डोले क्राफ्ट्स, कटारी औद्योगिक प्रशिक्षण संस्थान, सतारा, ने नई वार्षिक प्रणाली और NSQF-5 के अनुसार, गहन अध्ययन किया है और अपनी मेहनत से और अपनी गहरी बुद्धि को जोड़ा है। पाठ्यक्रम, कटारी और अन्य मशीन ट्रेडों की ई-बुक। -बुक) और उन्होंने प्रशिक्षण को आसान बनाने के लिए सैद्धांतिक विषयों पर मोबाइल ऐप और ब्लॉग बनाए हैं और इन सभी शैक्षिक सामग्री को विश्व प्रसिद्ध वेबसाइटों Google Play Store, Amazon और Apple Book Store पर डाउनलोड के लिए उपलब्ध कराया है। प्रिंट संस्करण बनाकर और क्यूआर कोड जैसी उन्नत तकनीकों का उपयोग करके प्रशिक्षण को आसान बना दिया गया है।

ये सभी शैक्षिक सामग्री निश्चित रूप से सभी प्रशिक्षुओं के लिए गहन अध्ययन के लिए और शिल्प प्रशिक्षकों और अन्य संबंधितों के लिए एक मार्गदर्शक होगी जो व्यावसायिक प्रशिक्षण प्रदान कर रहे हैं।

1

टूल अँड डाय मेकर TDM द्‌वितीय वर्ष हिंन्दी QR Code Images

Indian Army

Freedom Fighters

Top Scientists

Social Reformers

Motivational Speaker

Top Richest People

Join WhatsApp Group

Join Facebook Group

Like Facebook Page

PAN / Adhar / Licence Passport

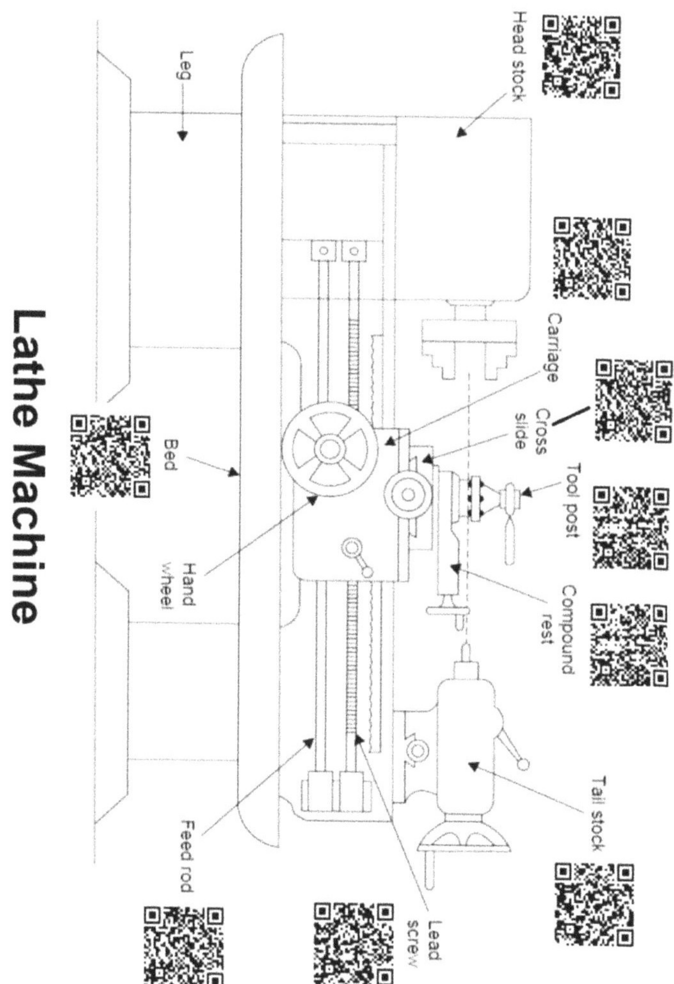
Lathe Machine
Head stock
Leg
Carriage
Cross slide
Tool post
Compound rest
Bed
Hand wheel
Tail stock
Feed rod
Lead screw

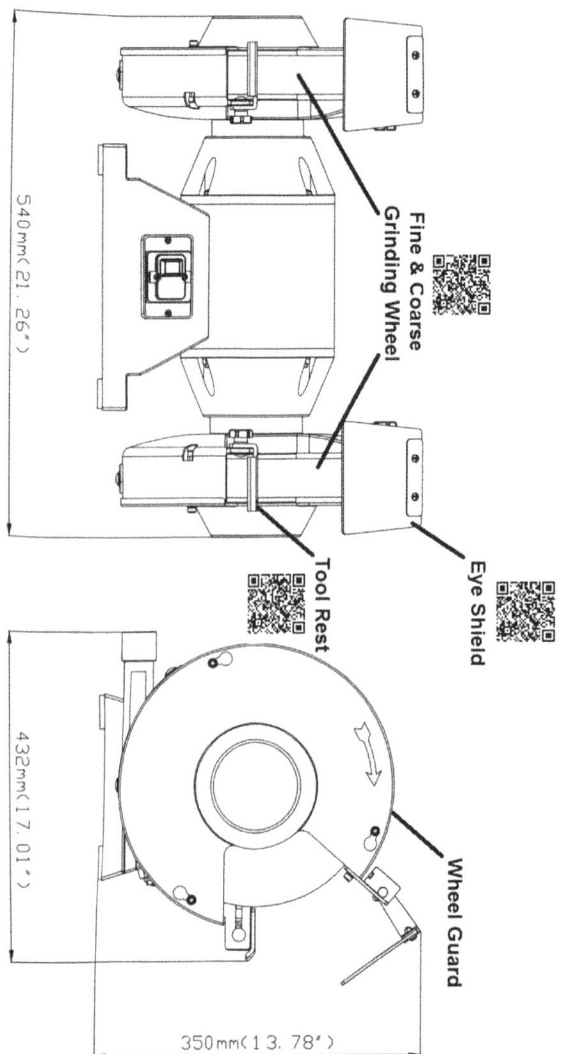
Bench Grinding Machine
Fine & Coarse Grinding Wheel
Eye Shield
Tool Rest
Wheel Guard
540mm(21.26")
432mm(17.01")
350mm(13.78")

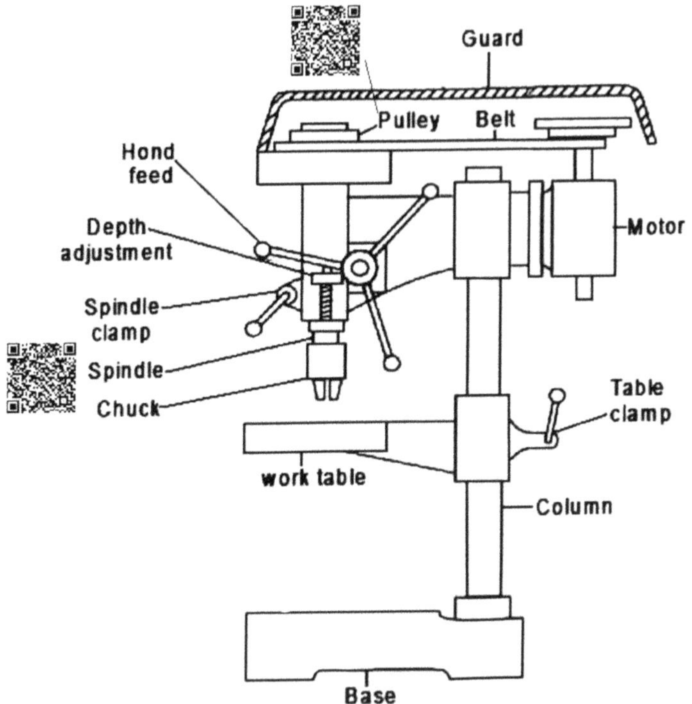

Piller Drilling Machine

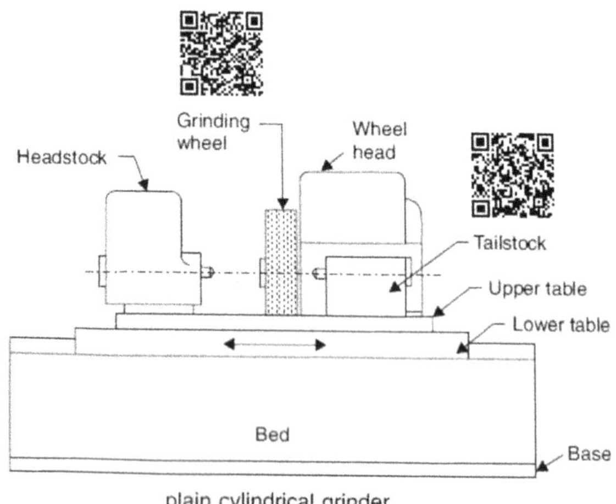

plain cylindrical grinder

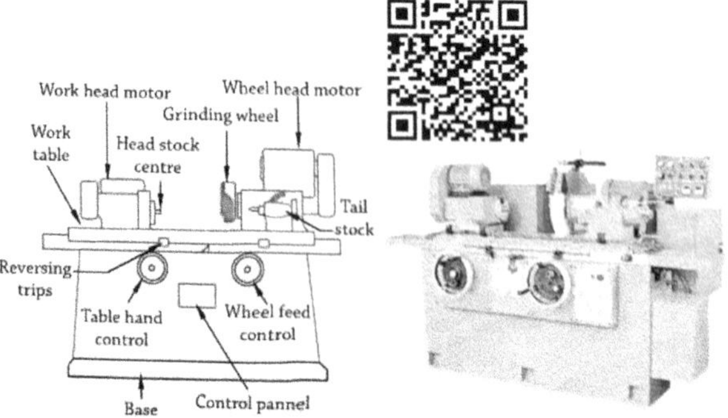

Cylindrical grinding machine

To study Different operations and parts of Surface Grinding Machine

SURFACE GRINDER

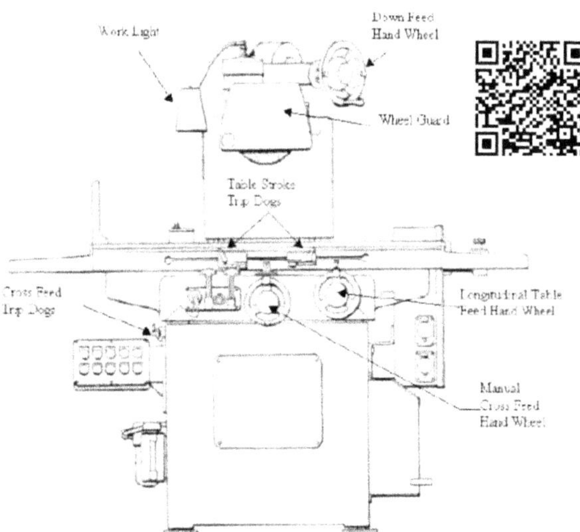

Surface grinding is used to produce a smooth finish on flat surfaces. It is a widely used abrasive machining process in which a spinning wheel covered in rough particles (grinding wheel) cuts

PLAIN OR HORIZONTAL MILLING MACHINE

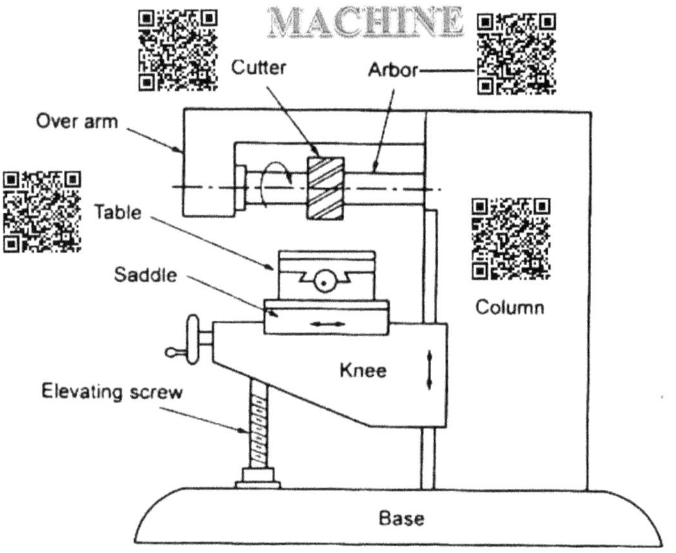

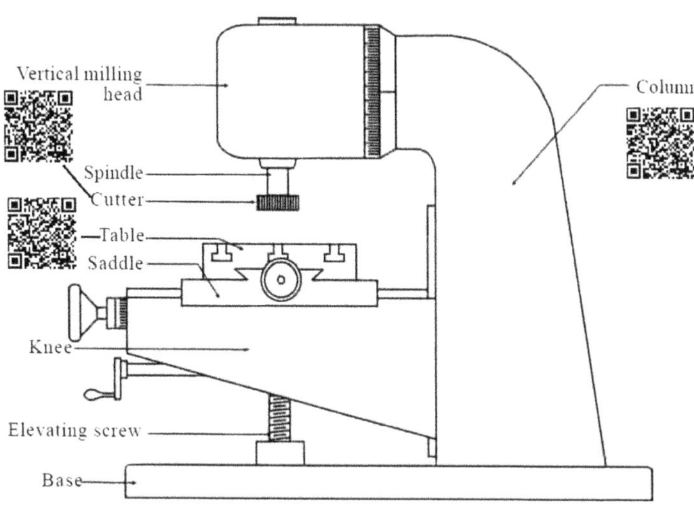

Vertical Milling Machine

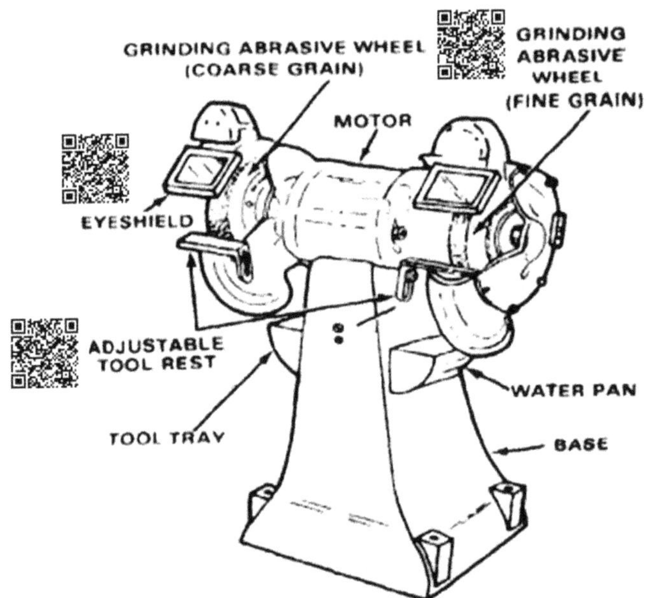

Pedastal Grinding Machine

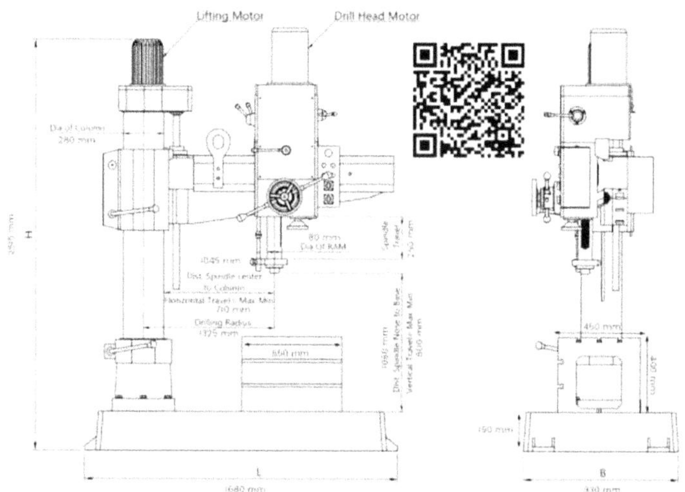

Radial Drilling Machine

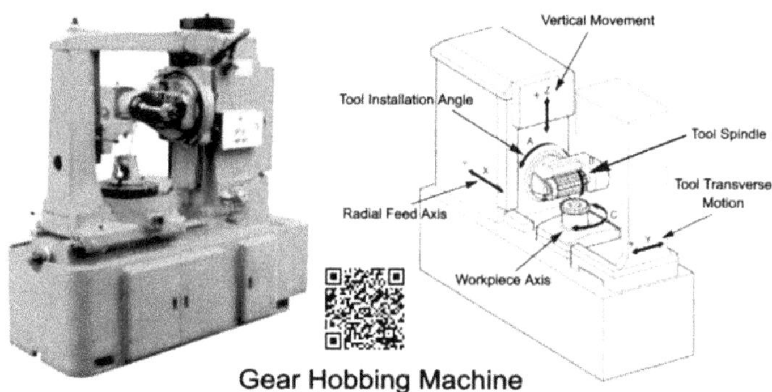

Gear Hobbing Machine

DOUBLE HOUSING PLANER

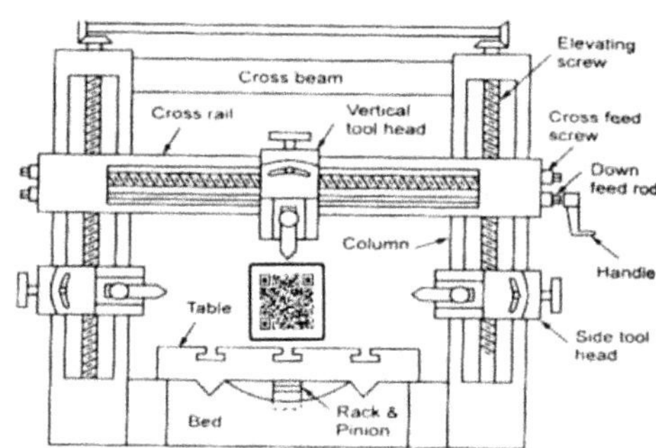

PIT PLANER

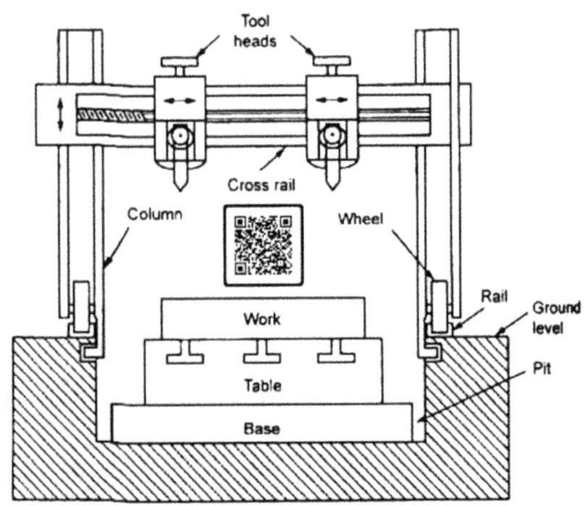

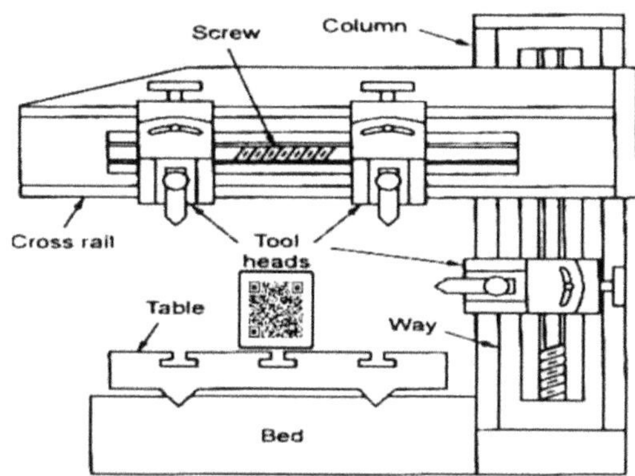

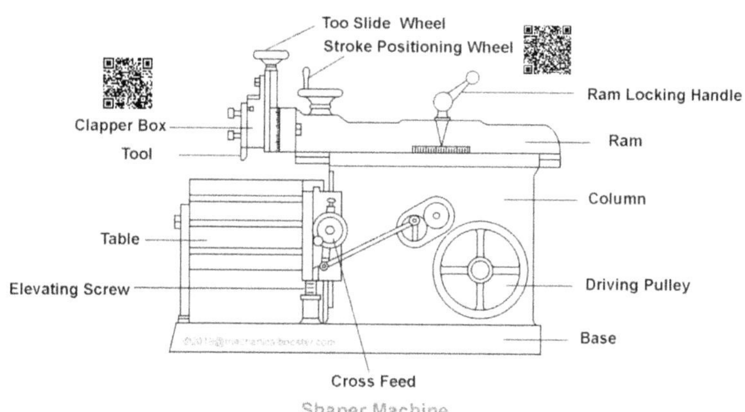

Shaper Machine

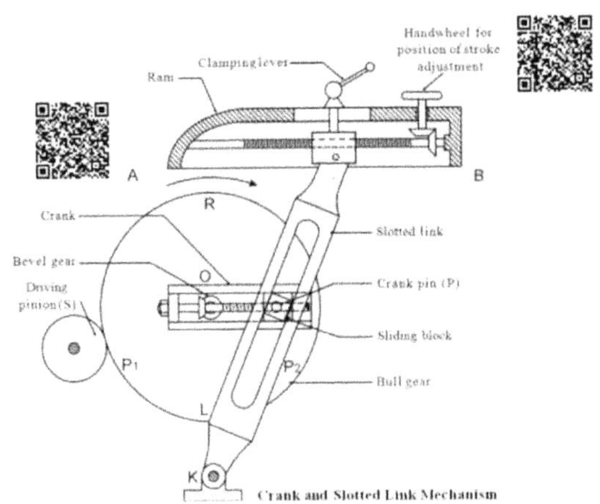

Crank and Slotted Link Mechanism

Quick Return Mechanism of Shaper Machine

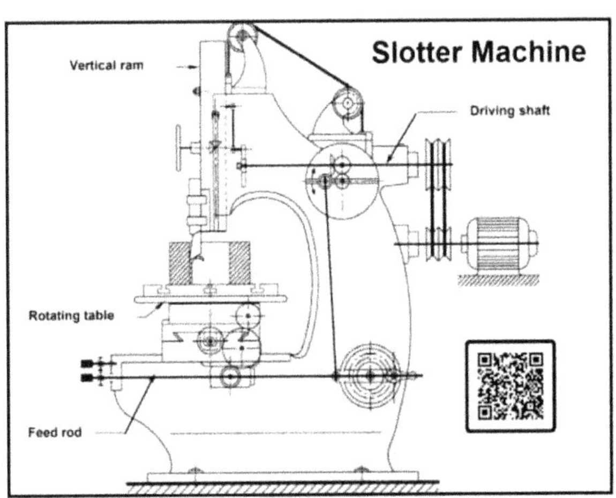

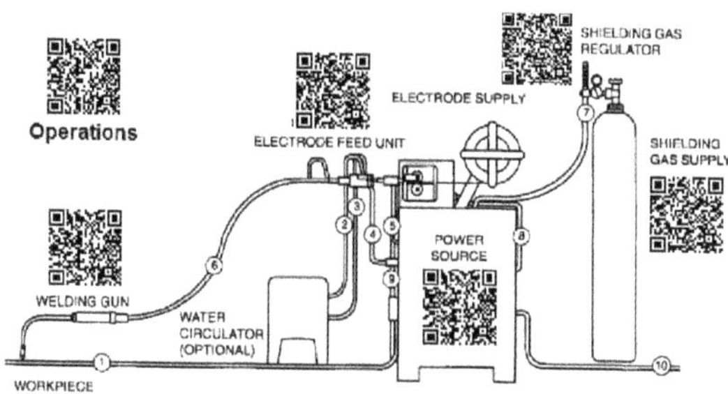

Gas Metal Arc Welding

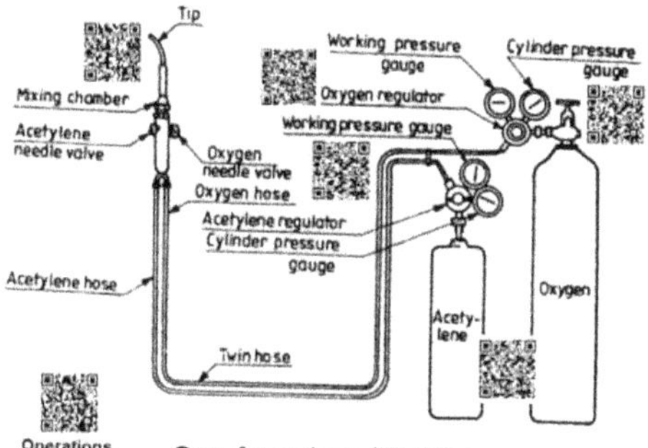

Oxy Acetylene Welding

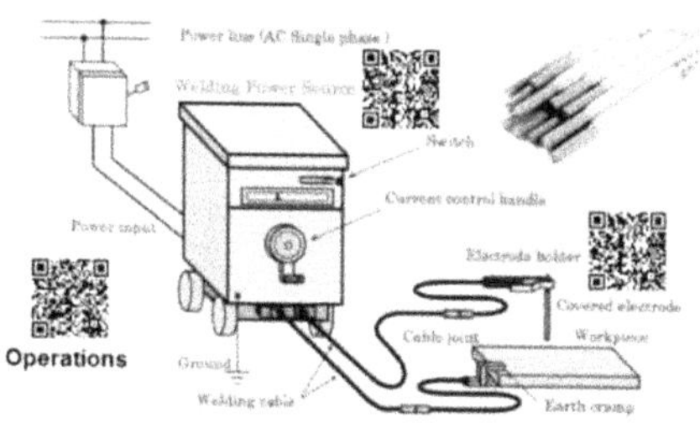

Shielded Metal Arc Welding

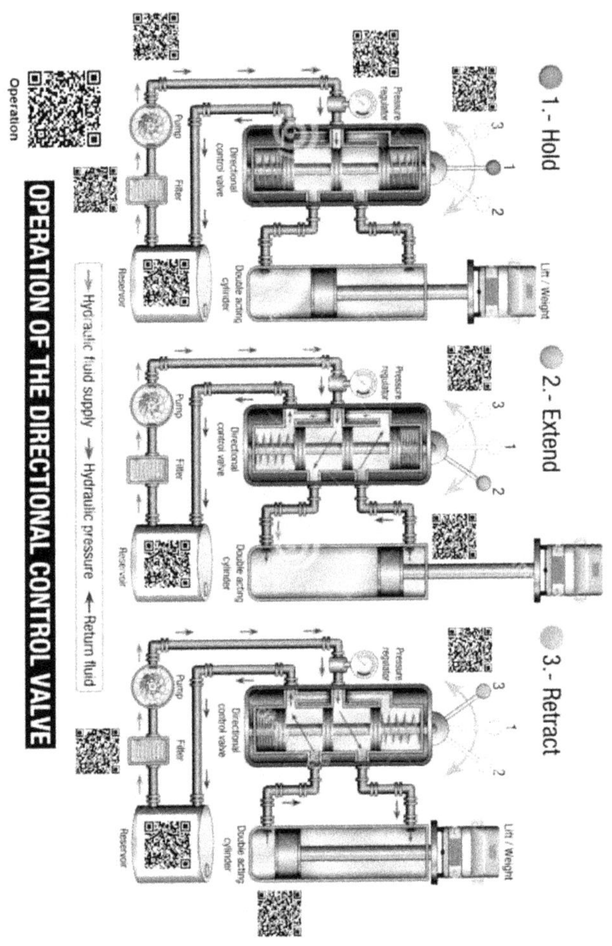
1.- Hold
2.- Extend
3.- Retract
Pressure regulator
Pump
Filter
Directional control valve
Reservoir
Double acting cylinder
Lift / Weight
Operation
Hydraulic fluid supply
Hydraulic pressure
Return fluid
OPERATION OF THE DIRECTIONAL CONTROL VALVE

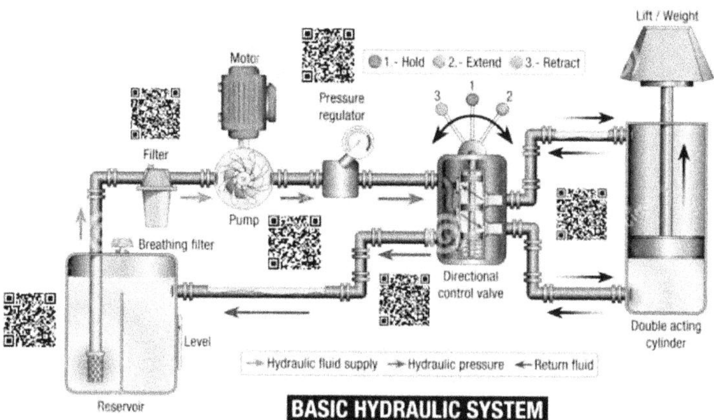

Direct Pressure Relief Valves

- The pressure relief valve provides protection against overload experienced by the actuators in a hydraulic system. One important function is to limit the force or torque produced by the hydraulic cylinders or motors.

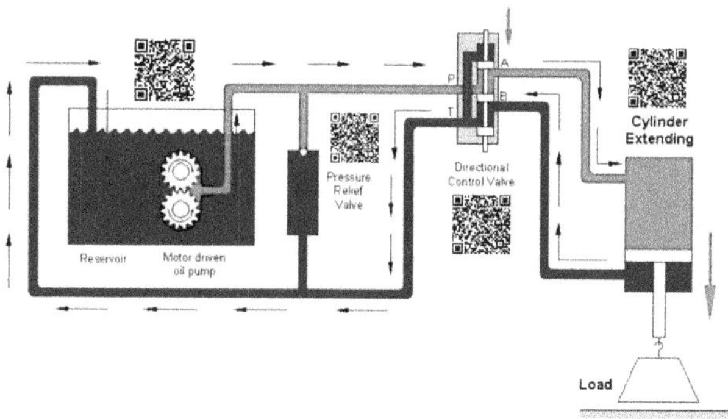

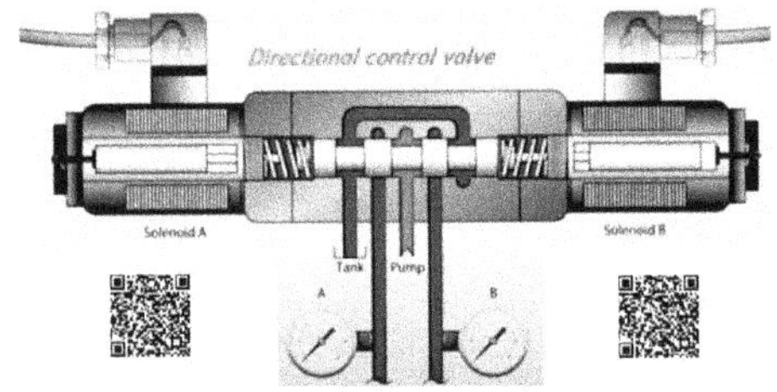

Double Acting, Single ended Cylinder

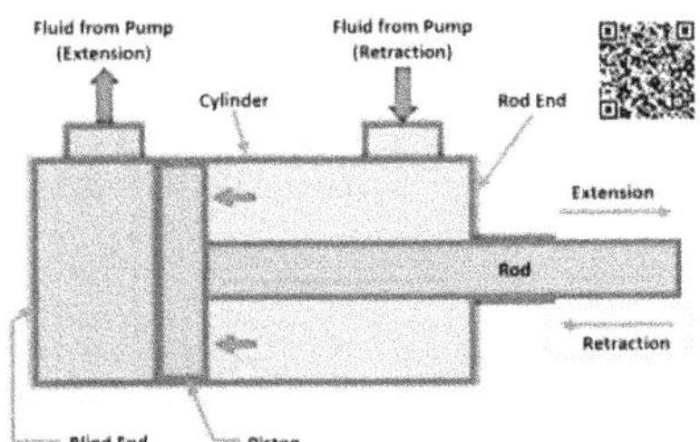

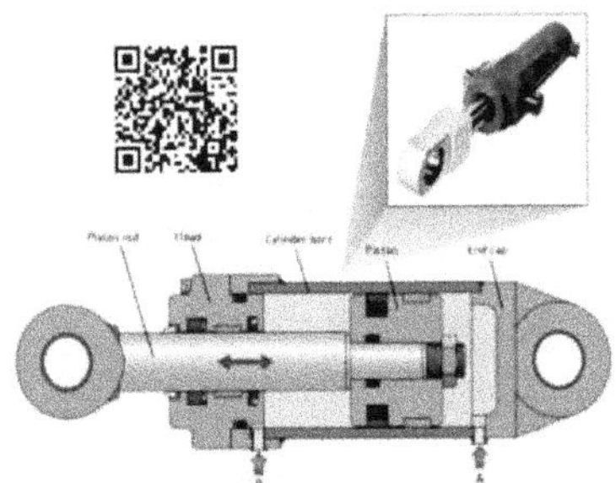

Hydraulic Cylinder

FLOW CONTROL VALVES

- A flow control valve can regulate the flow or pressure of the fluid.
- The fluid flow is controlled by varying area of the valve opening through which fluid passes.

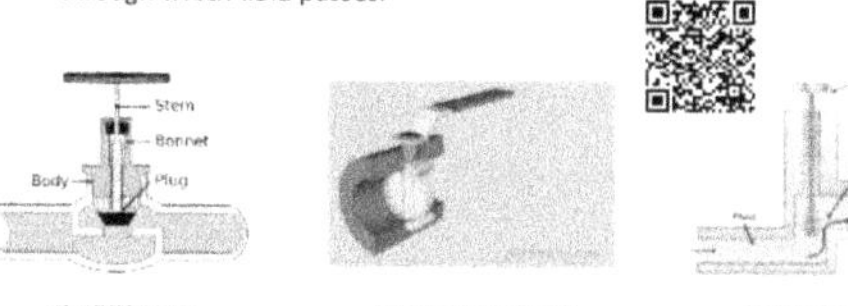

GLOBE VALVE BUTTERFLY VALVE PLUG VALVE

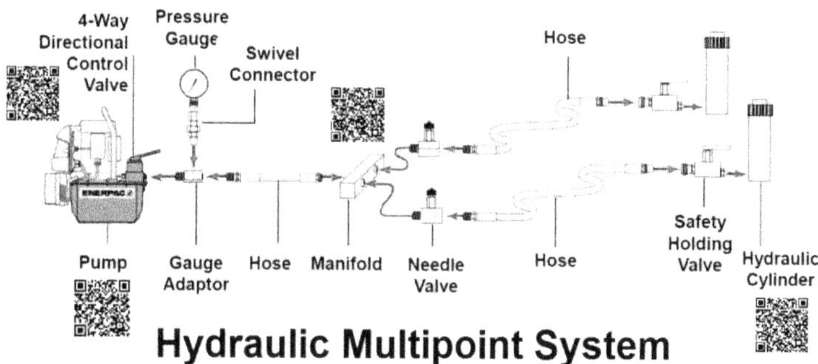

Single Acting Hydraulic Cylinders

Piston Seal
Piston
Rod
Extension
Retraction
Barrel
Port

Push Action
Oil to extend Return by External Force
(e.g. Gravity)

Graphic Symbol
(P&ID Symbol)

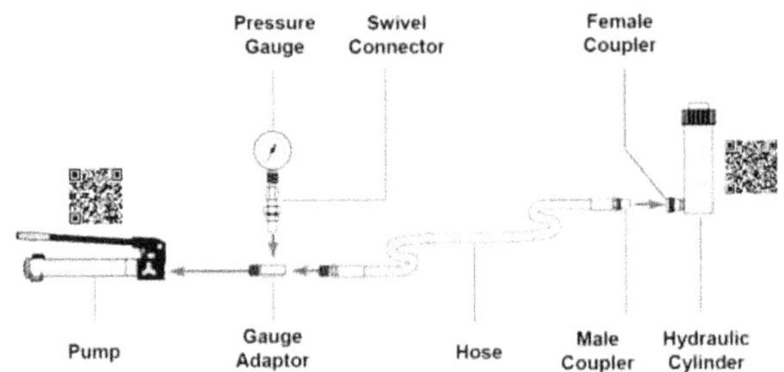

Hydraulic Single Point System

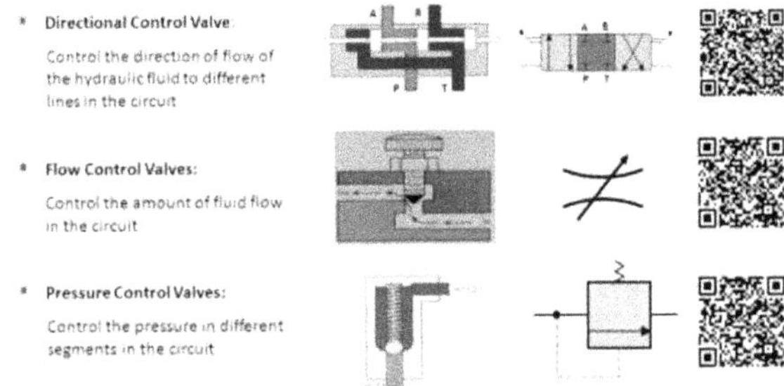

Hydraulic Valves - Parts and Components

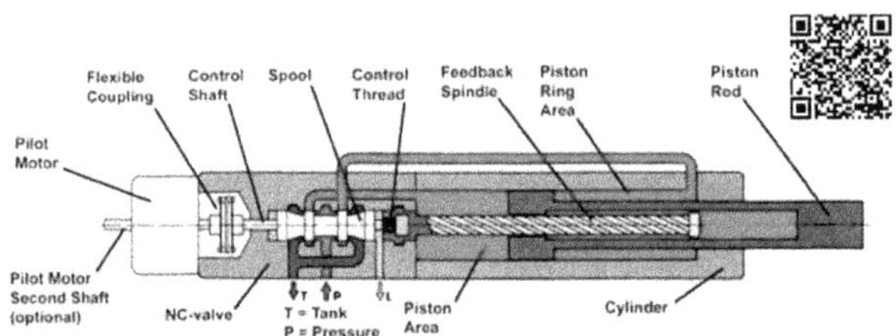

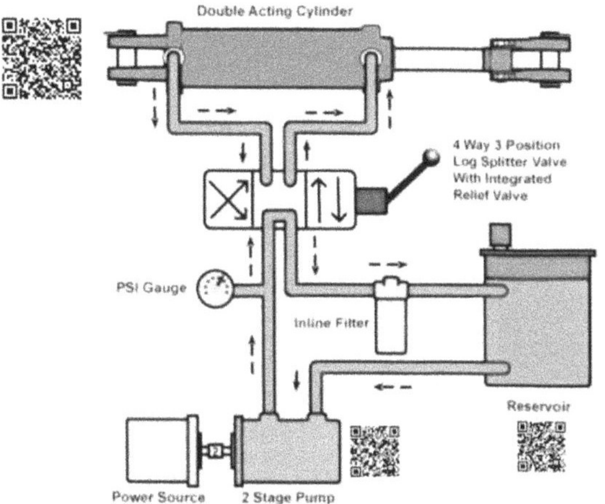

Hydraulic Double Acting Cylinder

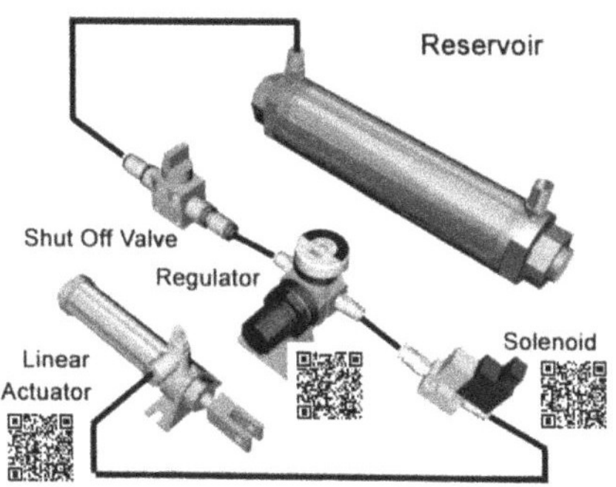

Pneumatic System

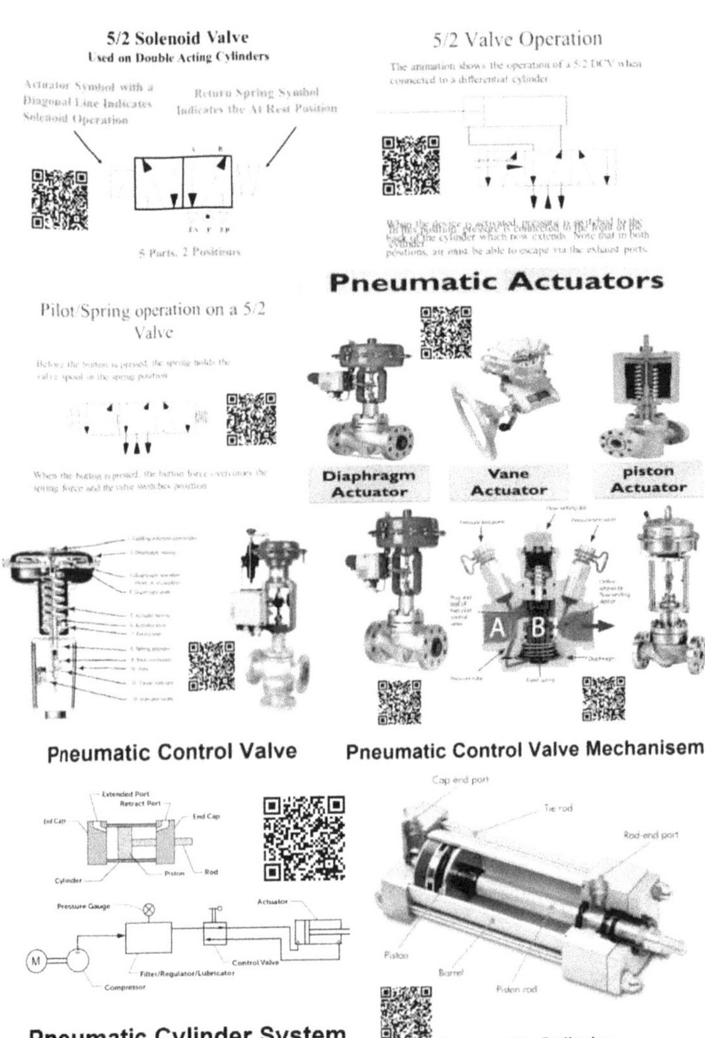
5/2 Solenoid Valve
Used on Double Acting Cylinders
Actuator Symbol with a Diagonal Line Indicates Solenoid Operation
Return Spring Symbol Indicates the At Rest Position
5/2 Valve Operation
Pneumatic Actuators
Pilot/Spring operation on a 5/2 Valve
Diaphragm Actuator
Vane Actuator
piston Actuator
A
B
Pneumatic Control Valve
Pneumatic Control Valve Mechanisem
Extended Port
Retract Port
End Cap
End Cap
Cylinder
Piston
Rod
Pressure Gauge
Actuator
M
Control Valve
Filter/Regulator/Lubricator
Compressor
Cap end port
Tie rod
Rod-end port
Piston
Barrel
Piston rod
Pneumatic Cylinder System
Pneumatic Cylinder

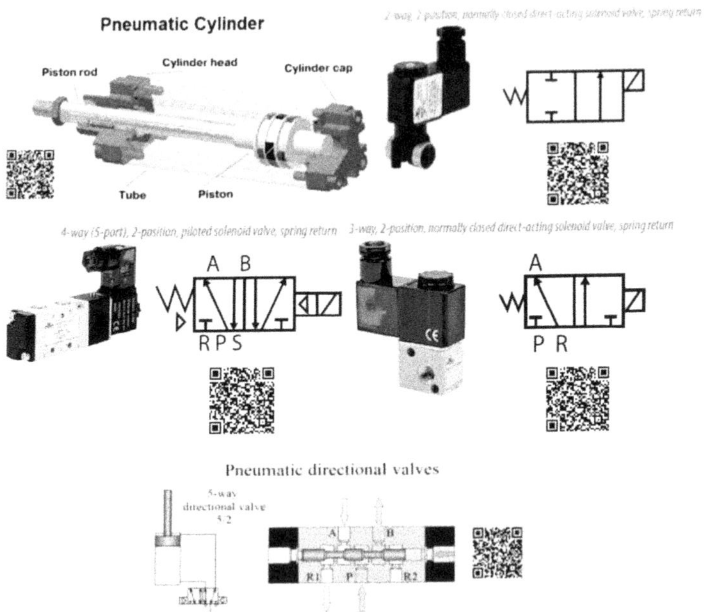
Pneumatic Cylinder
Piston rod
Cylinder head
Cylinder cap
Tube
Piston
2-way, 2-position, normally closed direct-acting solenoid valve, spring return
4-way (5-port), 2-position, piloted solenoid valve, spring return
A B
R P S
3-way, 2-position, normally closed direct-acting solenoid valve, spring return
A
P R
Pneumatic directional valves
5-way
directional valve
5/2
A
B
R1
P
R2

FRC Pneumatic System Layout

Air Tank
Limit Switch
Compressor
Air release valve
High Pressure (120psi)
Lower Pressure
Low Pressure (60psi or less)
Pressure regulator
Pressure regulator
Double solenoid valve
Solenoid valve

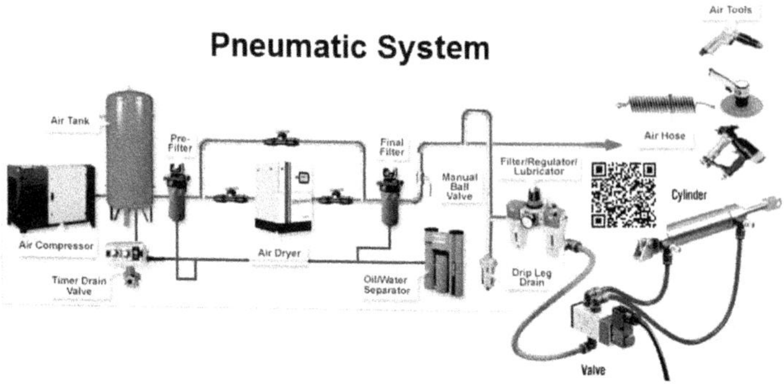

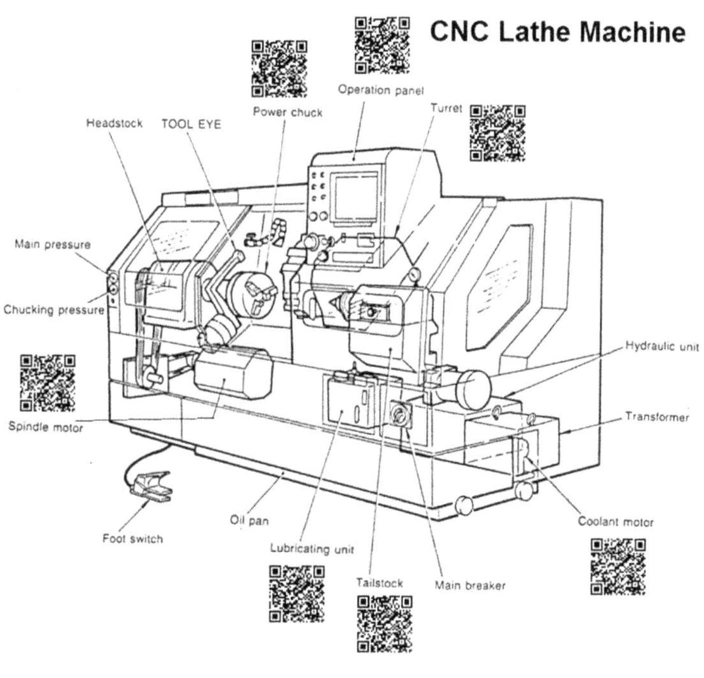
CNC Lathe Machine
Operation panel
Power chuck
Turret
Headstock
TOOL EYE
Main pressure
Chucking pressure
Hydraulic unit
Transformer
Spindle motor
Oil pan
Foot switch
Lubricating unit
Coolant motor
Tailstock
Main breaker

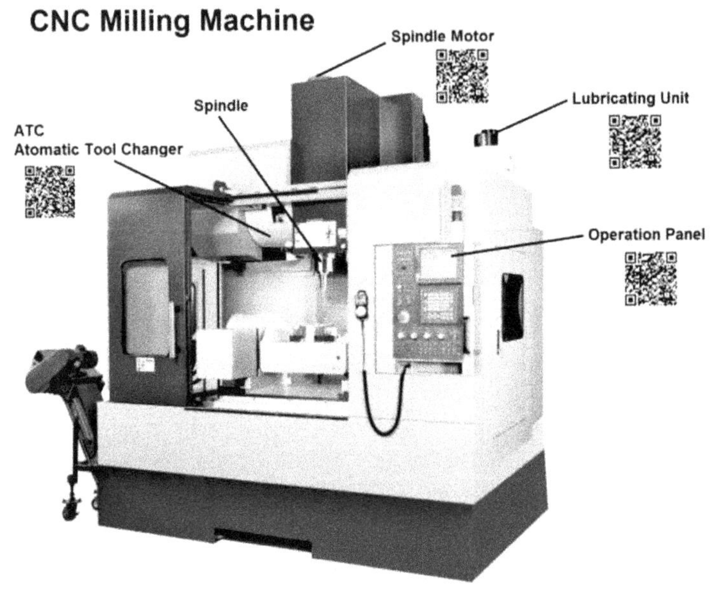

CNC Machine Power Pack

Tool Change & Spindle Speed in CNC Machine.

Coolant in CNC Machine.

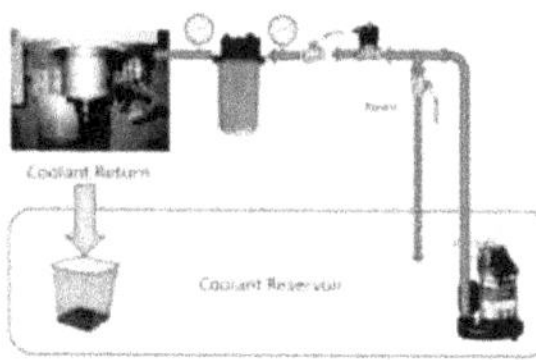

2

टूल अँड डाय मेकर TDM द्वितीय वर्ष हिंन्दी MCQ

1] एक छेद की ड्रिलिंग और रीमिंग के लिए इस्तेमाल की जाने वाली जिग बुश है...?

ए] फिट बुश दबाएं

बी] लाइनर बुश

सी] अक्षयझाड़ीपर्ची

डी] निश्चित अक्षय झाड़ी

2] निम्नलिखित दिया गया है कि काम करते समय टोल के लिए नौकरी और गाइड रखने के लिए किस उपकरण का उपयोग किया जाता है?

ए] गेज

बी] आवास

सी] जिगो

डी] स्थिरता

3] निम्नलिखित में से कौन सा उपकरण केवल क्लैम्पिंग जॉब के लिए दिया गया है?

ए] जिगो

बी] स्थिरता

सी] आवास

डी] गेज

4] वेल्डिंग जॉब द्वारा निर्मित होने पर 360 डिग्री सेल्सियस तक वेल्डिंग जॉब को स्थिर रखने या घूमने के लिए किस उपकरण का उपयोग किया जाता है?

ए] गेज

बी] खाका

सी] जिगो

डी] स्थिरता

5] ड्रिलिंग जिग की मुख्य बातें मशीन टेबल के साथ क्लैम्पिंग नहीं करना, कौन सा कारण सही है, निम्नलिखित दिया गया है?

ए] यहऑपरेशनकेलिएमजबूतहै

बी] यह ऑपरेशन के लिए आसान है

सी] काम पर ड्रिलिंग करते समय कई अलग-अलग आकार के छेद अलग-अलग सेटिंग से उत्पन्न होते हैं

डी] इस डिवाइस के लिए बहुत समय है

6] राउंड शेप जॉब लोकेशन के लिए कौन से स्थान सबसे उपयोगी हैं?

ए] पिन टाइप लोकेटर

बी] वेज टाइप लोकेटर

सी] वीलोकेटर

डी] समायोज्य स्टॉप लोकेटर

7] ड्रिलिंग जिग्स में बुशिंग का उपयोग करने के लिए कौन सा कारण सही है?

ए] ड्रिलिंग के लिए आसान

बी] निश्चित ड्रिल छेद आकार के लिए

सी] सटीकड्रिलिंगऑपरेशनकेलिए

डी] बेहतर फिनिश ड्रिलिंग होल के लिए

8] जिग बुश के निर्माण के लिए धातु है...?

ए] माइल्ड स्टील

बी] कच्चा लोहा

सी] कास्ट स्टील

डी] उपकरणस्टील

9] निम्नलिखित झाड़ी को देखते हुए अक्षय झाड़ी का पता लगाने के लिए किस बस का उपयोग किया जाता है?

ए] फिट बुशिंग दबाएं

बी] रैखिकझाड़ी

सी] विशेष झाड़ी

डी] नर्ड बुशिंग

10] जिग में सहनशीलता है..?

ए] नौकरी सहिष्णुता के पांच वर्तमान

बी] नौकरी सहिष्णुता का दस प्रतिशत

सी] 20% से 50% नौकरीसहनशीलता

डी] 100% नौकरी सहनशीलता

jig Jig Fixture

नमूना

11] बोर से लोकेशन के लिए निम्नलिखित में से किस जिग का उपयोग किया जाता है?

ए] प्लेट जिगो

बी] ठोस जिगो

सी] जिगोपोस्टकरें

डी] बॉक्स जिगो

12] ड्रिल प्लेट वाले किस जिग के बाद?

ए] ठोस जिगो

बी] प्लेटजिगो

सी] बॉक्स जिगो

डी] टेबल जिगो

13] आंतरिक व्यास स्थान के लिए किस लोकेटर का उपयोग किया जाता है?

ए] ठोस सपोर्ट

बी] पिनटाइपलोकेटर

सी] वी लोकेटर

डी] घोंसला लोकेटर

14] ड्रम जिग बुशिंग- आम तौर पर कठोर होते हैं ------------]

ए] माइल्ड स्टील

बी] कच्चा लोहा

सी] कास्ट स्टील

डी] टूईस्टील

15] जिग्स वह उपकरण है जो -------------

ए] काम के टुकड़े का पता लगाएँ

बी] वर्क पीस को पकड़ना और सपोर्ट करना

सी] काटने के उपकरण का मार्गदर्शन करें

डी] उपरोक्तसभीकरताहै

Fixture 1 Jig Fixture

स्थिरता

16] निम्नलिखित में से किस जिग्स का उपयोग बोर से आबंटन के लिए किया जाता है?

ए] प्लेट जिगो

बी] ठोस जिगो

सी] जिगोपोस्टकरें

डी] बॉक्स जिगो

17] स्थिरता एक उत्पादन उपकरण है जो ------------]

ए] कामकेटुकड़ेकोपकड़ताहैऔरउसकापतालगाताहै

बी] टुकड़ा रखता है

सी] काम के टुकड़े को चैट करता है,

डी] न तो रखता है और न ही काम के टुकड़े का पता लगाता है

18] निम्नलिखित में से किसका उपयोग बड़े पैमाने पर उत्पादन में टूल को निर्देशित करने और नौकरी को बनाए रखने के लिए किया जाता है? '

ए] गेज]

बी] आवास

सी] स्थिरता

डी] जिगो

19] ड्रिल जिग में प्रोई/इडिंग बुशिंग का उद्देश्य निम्नलिखित में से क्या है?

ए]

सटीकड्रिलिंगऑपरेशनकेलिएड्रिलकासटीकपतालगानेऔरड्रिलकामार्गदर्शनकरनेकेलिए

बी] ड्रिल किए जाने वाले छेद के आकार को निर्धारित करने के लिए

सी] आसान ड्रिलिंग के लिए

डी] ड्रिल किए गए छिद्रों में अच्छी तैयार सतह प्राप्त करने के लिए

20] ड्रिल जिग का उपयोग किसके लिए किया जाता है? _

ए] केवल ड्रिल संचालन]

बी] ड्रिलिंगकेलिएनौकरीदबाना

सी] ड्रिलिंग, रीमिंग, टैपिंग और अन्य संचालन

डी] केवल टूल्स का मार्गदर्शन करना

21] निम्नलिखित में से किस जिग्स में ड्रिल प्लेट होती है, जो ड्रिल किए जाने वाले घटक पर टिकी होती है?]]]]

ए] सॉलिड जिग]

बी] प्लेटजिग]

सी] बॉक्स जिगो

डी] ड्रुनियन जिगो

22] जिग एक उपकरण है जो -----------

ए] काम के टुकड़े का पता लगाता है]

बी] वर्कपीस और गाइड टूल को पकड़ें और सपोर्ट करें

सी] काटने के उपकरण का मार्गदर्शन करता है

डी] काटनेकेउपकरणकोपकड़ो]

23] ड्रिल जिग का उपयोग .... के लिए किया जाता है।

ए] ड्रिलिंग, रीमिंग, टैपिंगऔरअन्यसंबद्धसंचालन

बी] केवल ड्रिलिंग ऑपरेशन

सी] ड्रिलिंग करते समय नौकरी दबाना

डी] केवल उपकरण का मार्गदर्शन करना

24] स्थिरता एक उत्पादन उपकरण है जो ------------:-----

ए] वर्क पीस रखती है'

बी] काम के टुकड़े का पता लगाएँ

सी] कामकेटुकड़ेकोपकड़ताहैऔरढूंढताहै

D] वर्कपीस को न तो पकड़ता है और न ही ढूंढता है

25] बॉक्स जिग का उद्देश्य है

ए] नौकरी पकड़ो और उपकरण को आंतरिक धागे बनाने के लिए मार्गदर्शन करें

बी] कईझुकेहुएछिद्रोंकाउत्पादनकरनेकेलिए

सी] कई सीधे छेद बनाने के लिए

डी] इनमें से कोई नहीं

26] जिग्स और फिक्स्चर --------]

ए] मशीनिंग टूल्स

बी] सटीकउपकरण

सी] दोनों (ए] और (बी)

डी] इनमें से कोई नहीं

27] 'फिक्स्चर की तुलना में वजन के मामले में जिग कैसे हैं?

ए] जिग्सजुड़नारकीतुलनामेंहल्केहोतेहैं

बी] जिग्स फिक्स्चर से भारी होते हैं

सी] जिग्स एक ही ऑपरेशन के लिए फिक्स्चर के वजन के बराबर हैं

डी] इनमें से कोई नहीं

28] मशीनिंग भागों के लिए कौन से फिक्स्चर का उपयोग किया जाता है, जो मुस्तह-ए-मशीनीकृत विवरण समान दूरी पर होते हैं?

ए] प्रोफ़ाइल जुड़नार

बी] डुप्लेक्स जुड़नार

सी] अनुक्रमणजुड़नार

डी] इनमें से कोई नहीं

indexing head Indexing Head Mechanism

इंडेक्सिंग हेड

29]हाथ के स्तर के कतरनी के ऊपरी ब्लेड के चाकू काटने वाले किनारे की रूपरेखा क्या है?

ए] घुमावदार

बी] सीधे

सी] झुका हुआ

डी] बेवलड

cnc lathe qr

cnc milling machine

<u>सीएनसीमशीनटेपपंच</u>

image

30] टेप पंच जिसमें 1 इंच चौड़ा टेप होता है, इसे द्वारा बनाया जाता है
ए] पेपर मायलारी
बी] एल्यूमिनियम माइलर
<u>सी] प्लास्टिक</u>
डी] सबसे ऊपर
31] पॉइंट टू पॉइंट पोजिशनिंग पोजिशनिंग सिस्टम में ....] स्वीकार्य है
ए] ओपन लूप कंट्रोल सिस्टम
<u>बी] बंदलूपनियंत्रणप्रणाली</u>
सी] दोनों के ऊपर
डी] उनमें से कोई नहीं
32] सीएनसी मशीन में ....
ए] लीड स्क्रू
<u>बी] बॉललीडस्क्रू</u>
सी] दोनों के ऊपर
डी] दोनों में से कोई नहीं
<u>सीएनसीकार्यक्रमसमन्वय</u>

image

33] उप कार्यक्रम का उद्देश्य है ....

ए] निर्देशांक XY Z खोजने के लिए।

बी] अन्य छोटी मशीन के लिए।

सी] उच्च गति की नौकरियों की सतह में उपकरण नाक उपकरण नाक प्रवेश काटने से बचने के लिए।

डी]

जबकिविशेषस्थितिमेंनौकरीकीमशीनिंगप्रोग्रामब्लॉककेसमय-समयपरउपयोगनहींकरतेहैं।

34] जबकि xyz निर्देशांक बिंदु शून्य-माप मापते समय इसका क्या मतलब है?

ए] संदर्भ चिह्न।

बी] काम शून्य

सी] समन्वय बिंदु

डी] सबसेऊपर

35] अक्ष द्वारा निर्दिष्ट सीएनसी मशीन ......

ए] 2 अक्ष

बी] 3 अक्ष

सी] 4 अक्ष

डी] सबसेऊपर

सीएनसीमशीनएक्सिस

image

36] सीएनसी मशीनों की Xyz अक्ष माप के लिए किस बिंदु का उपयोग किया जाता है।

ए] कार्यशून्यबिंदु

बी] मशीन जीरो पॉइंट

सी] सामान्य शून्य बिंदु

डी] सबसे ऊपर

37] निम्नलिखित में से कौन सा बिंदु सीएनसी मशीन में उपयोगी नहीं है।

ए] सीएनसी मशीन पर किए गए विभिन्न ऑपरेशन।

बी] निरीक्षण के लिए कम राशि।

सी] माप स्थापित करने के लिए कठिन।

डी] मशीनदक्षताऑपरेटरोंकेकौशलपरनिर्भरहै।

38] आवश्यक से पहले शून्य ऑफसेट के चयन के लिए............

ए] मशीन टेबल पर कटर तय किया गया है।

बी] डेटा मशीन में दर्ज किया गया।

C] मशीन टेबल पर जॉब फिक्स है।

डी] मशीनकेसंचालनसेपहलेआवश्यकगतिऔरफ़ीडचयन।

सीएनसीवर्कजीरोऑफसेटसेटिंग।

image

39] जीरो ऑफ़सेट प्रोग्राम में इंगित करता है ....] निम्नलिखित का कोड

ए] एक्स yz

बी] X0 y0 z00

सी] X10 Y20 Z30

डी] जी71

40] कार्य शून्य है

ए] नौकरी की स्थिति पर मशीन का डेटा शून्य।

बी] X0Y0Z0 द्वारा इंगित करें।

सी] कार्यक्रमकेअनुसारनौकरीपरबिंदुकाचयन।

डी] मशीनिंग बिंदु का अंत

41] एम कमांड का उपयोग ऑपरेशन शुरू करने और पूर्ण क्रांति चक्र एम03 मतलब के लिए किया जाता है।

ए] कार्यक्रम बंद करो।

बी] कार्यक्रम पूरा और रीसेट।

सी] कार्यक्रम को पूरा करें।

डी] धुरीदक्षिणावर्तगति।

सीएनसीमशीनपावरपैक

image

cnc lubricating-unit

42] सीएनसी मशीन मैन्युअल रूप से संचालित नहीं है, यह ...... द्वारा नियंत्रित है।
एककार्यक्रम
बी] ऑपरेशन
सी] कैम
डी] प्लग बोर्ड सिस्टम
43] सीएनसी मशीन में M13 का अर्थ है
ए] कूलेंट स्टॉप
बी] शीतलक चालू
सी] स्पिंडल स्टॉप
डी] कूलेंटऑनऔरस्पिंडलऑन
44] सीएनसी मशीन में पावर पैक का कार्य।
ए] स्नेहकगर्मीकेसंतुलनकेलिए।
बी] स्नेहक की बढ़ती गर्मी के लिए।

सी] स्नेहक की गर्मी को नष्ट करने के लिए।

डी] सबसे ऊपर।

<u>सीएनसीमशीनबिस्तर।</u>

image

45] सीएनसी मशीन बिस्तर का खंड है .....

फ्लैट

बी] आधा दौर

<u>सी] आयताकार</u>

डी] त्रिकोणीय

46] निम्नलिखित कथन सीएनसी मशीन का नुकसान है।

ए] कम निरीक्षण शुल्क।

बी] कम टूलींग चार्ज।

सी] उत्पादन दर बढ़ाएँ।

<u>डी] उच्चस्थापनाशुल्क।</u>

47] पॉइंट टू पॉइंट सिस्टम किसके लिए अधिक प्रभावी है......

ए] टर्निंग

बी] प्रोफाइल मिलिंग

सी] पीस

<u>डी] ड्रिलिंग</u>

<u>एनसीमशीनपरटूलसेटिंग।</u>

image

48] एनसी मशीन पर टूल सेटिंग......] यूनिट।

ए] प्रीसेटिंगडिवाइस।

बी] मशीन के बिना विशेष उपकरण ऑर्डर करें।

सी] एनसी मशीन पर अन्य खाली समय।

डी] जब अन्य ऑपरेशन मशीन पर काम कर रहे हों।

49] इस सिस्टम में बिल्ट-इन कोऑर्डिनेट्स वाले सिस्टम को मापने के लिए............] को जीरो पोजीशन कहा जाता है।

ए] संदर्भ बिंदु।

बी] मशीन शून्य बिंदु।

C] वर्कजीरोपॉइंट

डी] प्रोग्राम जीरो पॉइंट।

50] सीएनसी मशीन पर जॉब टर्निंग प्रोग्राम के साथ 50 एमएम डाया टर्न ने कहा कि ट्रायल रन 50.1 एमएम प्रोडक्शन टाइम पर जिसके बाद आइडिया ने सही डाया मेकिंग के लिए इस्तेमाल किया

ए] टूल 0.1 मिमी के ऑफसेट को बढ़ाकर।

बी] टूल की ऑफसेट बढ़ाकर 0.05 मिमी

सी] टूल 0.05 मिमी . कीकमीऑफसेटद्वारा

डी] उपकरण 0.1 मिमी . की कमी ऑफसेट द्वारा

सीएनसीखरादमशीननकल।

image cnc lathe turret

51] सीएनसी मशीन पर शून्य ऑफसेट मंद आयामों को मापने के लिए .... मोड सेट है

ए] एमडीआई

बी] जोगो

सी] स्वचालित

डी] प्रीसेट

52] खराद की नकल करने की इकाई पर काम चल रहा है

ए] यांत्रिक शक्ति प्रणाली

बी] हाथ बिजली व्यवस्था

सी] हाइड्रोलिकपावरसिस्टम

डी] उनमें से कोई नहीं

53] न्यूमेटिक पावर सिस्टम के किस लाभ के बाद

ए] उत्पादन दर बढ़ाने के लिए।

बी] लेआउट के लिए कम नकद

सी] काम के लिए अच्छा माहौल

डी] सबसेऊपर

सीएनसीमशीनटेम्पलेट्सकासिद्धांत।

image

54] फेस कॉपी करने के लिए ....] टाइप टेम्प्लेट का उपयोग किया जाता है

ए] गोलाकार

बी] प्लेट प्रकार

सी] फ्लैट

डी] त्रिकोणीय

55]...........] सीएनसी मशीन का मुख्य सिद्धांत है?

ए] सभी राज्यों को संख्या में इंगित करें

बी] मशीन पर यांत्रिक नियंत्रण के लिए अधिक समय की आवश्यकता है।

सी] काटने की गति मैन्युअल नियंत्रण से अधिक है।

D] वर्कशॉपमेंप्रोडक्शनसीक्वेंसमशीनमेंब्लॉकनंबरद्वारास्टोरकियाजाताहै।

56] एक शाफ्ट की कॉपी के लिए......] टाइप टेम्प्लेट का उपयोग किया जाता है।

ए] गोलाकार

बी] त्रिकोणीय

सी] फ्लैट्स

डी] स्क्वायर

सीएनसीप्रोग्रामटूलपथ।

image

57] सतत पथ के लक्षण है

ए] गिनती प्रणाली कहा जाता है।

बी] अंतर संबंधित गति के लिए समन्वय अक्ष पर उपकरण और कार्य टुकड़ा।

सी] कटर फ़ीड और गति की सेटिंग द्वारा

डी] सबसेऊपर

58] विविध कमांड M30 का अर्थ है ....

ए] कार्यक्रमकाअंतऔररीसेट

बी] प्रोग्राम स्टॉप

सी] धुरी की दक्षिणावर्त गति

डी] कार्यक्रमों को पूरा करें

59] जिसके बाद मिलिंग सतह पर प्रभाव पड़ता है जबकि अनसेटिंग स्पिंडल वर्टिकल मिलिंग मशीन के साथ मिलिंग द्वारा अनुदैर्ध्य फ़ीड।

ए] उत्तल सतह

<u>बी] अवतलसतह</u>

सी] त्रिज्या क्रॉस लाइन

डी] किसी न किसी सतह

<u>सीएनसीमिलिंगऑपरेशन]</u>

image

cnc milling
atcautomatic-tool-changer-atc

60] वर्टिकल मिलिंग मशीन द्वारा 12 मिमी डाया एंड मिल कटर से स्लॉट के माध्यम से मिलिंग करते समय माइल्ड स्टील प्लेट पर प्रदान किया जाता है, कटर सो रहा है और इस गलती के लिए टूट गया है कि इससे कैसे बचा जाए।

ए] हाई स्पीड स्पिंडल

बी] कम काटने की गति

सी] कट गहराई में वृद्धि

<u>डी] कटरकीगहराईऔरफ़ीडकम</u>

61] पेंच की 5 मिमी पिच और 40 : 1 के विभाजन अनुपात वाले मिलिंग मशीन की सीसा क्या है

ए] 0.25 मिमी

बी] 5 मिमी

सी] 8 मिमी

डी] 200 मिमी

62] यदि डाउन मिलिंग ऑपरेशन के लिए उपयोग किए जाने वाले बैकलैश एलिमिनेटर स्लैप कटर का उपयोग नहीं किया जाता है तो किस सुरक्षा का ध्यान रखना चाहिए?

ए] कमसीसाऔरगहराई

बी] उच्च नेतृत्व

सी] उच्च सीसा और कम गहराई

डी] उच्च नेतृत्व और उच्च गति

सीएनसीमशीनशून्यऔरफ़ीडदर।

cnc machine zero.PNG

63] शून्य ऑफसेट के बीच की दूरी है......] और............

ए] जी41 और जी42

B] मशीनजीरोऔरवर्कजीरो

सी] संदर्भ बिंदु और टैपिंग मोड

डी] उनमें से कोई नहीं

64] फ़ीड दर जी के साथ मिमी प्रति मिनट के रूप में क्रमादेशित है ....] और मिमी प्रति-क्रांति जी के साथ।

ए] जी41 और जी42

बी] जी 43 और जी 40

सी] जी 94 औरजी95

डी] उनमें से कोई नहीं

65] सीएनसी कंट्रोल यूनिट में सभी निर्देशों को एकत्र करने के लिए.......]

स्मृति

बी] टेप रीडर

सी] नियंत्रण कक्ष

डी] ऑपरेटर

सीएनसीड्रिलिंगमशीन।

cnc drilling machine.jpg

66] सीएनसी ड्रिलिंग मशीन वाई अक्ष के आगे और पीछे नियंत्रण के लिए ....

ए] स्पिंडल

बी] टेबल

सी] दक्षिणावर्त

डी] कॉलम

67] एम 01 कमांड का अर्थ है.....

ए] कार्यक्रमों को रोकने के लिए

बी] कार्यक्रम का अंत और रीसेट

सी] कार्यक्रमकीस्थितिकोरोकना

डी] मशीन स्पिंडल के दक्षिणावर्त रोटेशन

68] सीएनसी मशीन की स्थापना अमेरिकी वैज्ञानिक जॉन पर्सन ने की है.......] वर्ष

ए] 1950

बी] 1952

सी] 1955

डी] 1957

सीएनसीनियंत्रण, इनपुटऔरमेमोरीयूनिट।

cnc control.jpg cnc operation-panel

69] सीएनसी मशीन को नियंत्रित करने के लिए प्रयुक्त इकाई का नाम।
ए] नियंत्रण इकाई
बी] मेमोरी यूनिट
सी] इनपुटयूनिट
डी] आउटपुट यूनिट

70] सीएनसी मशीन में डेटा को संसाधित करने के लिए प्रयुक्त इकाई का नाम।
ए] मेमोरी यूनिट
बी] नियंत्रणइकाई
सी] इनपुट यूनिट
डी] आउटपुट यूनिट

71] सीएनसी मशीन में डेटा को स्टोर करने के लिए प्रयुक्त इकाई का नाम।
ए] इनपुट यूनिट
बी] नियंत्रण इकाई
सी] मेमोरीयूनिट
डी] आउटपुट यूनिट

सीएनसीमशीनमेंसर्वोमोटर।

servo motor.jpg cnc spindle-motor

72] सीएनसी मशीन में डेटा की गणना के लिए प्रयुक्त इकाई का नाम।
ए] आउटपुट यूनिट
बी] अंकगणितइकाई
सी] मेमोरी यूनिट

डी] इनपुट यूनिट

73] सीएनसी मशीन में प्रसंस्करण डेटा के परिणाम प्रदर्शित करने के लिए प्रयुक्त इकाई का नाम

ए] अंकगणित इकाई

बी] आउटपुटयूनिट

सी] मेमोरी यूनिट

डी] इनपुट यूनिट

74] सीएनसी मशीन में सर्वो मोटर का उपयोग .... के लिए किया जाता है।

ए] मशीन स्पिंडल पर टूल बदलना

बी] ड्राइविंगमशीनस्पिंडल

सी] मशीन स्पिंडल पर फिक्सिंग जॉब

डी] धुरी पर काम साबित करना

सीएनसीमशीनकेप्रकार।

types of cnc.jpg

75] सीएनसी मशीन के नीचे के हिस्से में से एक धुरी पर उपकरण बदलने के लिए प्रयोग किया जाता है।

ए] सर्वो मोटर

बी] नियंत्रण कक्ष

सी] स्वचालितउपकरणपरिवर्तकएटीसी

डी] हाई स्पीड स्पिंडल

76] सीएनसी मिलिंग श्रेणी में निम्न में से एक सीएनसी मशीन है.......

ए] चकिंग सेंटर

बी] सीएनसी देर से

सी] लंबवतमशीनिंगकेंद्र

डी] सतह पीसने की मशीन

77] टर्निंग सेंटर या सीएनसी खराद श्रेणी में नीचे की सीएनसी मशीन में से एक ....

ए] लंबवत मशीनिंग केंद्र

बी] क्षैतिज मशीनिंग केंद्र

<u>सी] लंबवतमोड़केंद्र</u>

डी] प्रोफाइल पीसने की मशीन

<u>सीएनसीमशीनकेलिएविविधकार्य।</u>

miscellaneous function.jpg

78] ग्राइंडिंग सेंटर श्रेणी में निम्न में से एक सीएनसी मशीन है.....

ए] यूनिवर्सल मिलिंग सेंटर

<u>बी] बेलनाकारपीसनेकीमशीन</u>

सी] सीएनसी देर से

डी] लंबवत मशीनिंग केंद्र

Grinding wheels 1 bench grinder-wheel

पीसने का चक्का

79] सीएनसी मशीन प्रोग्रामिंग में शब्द एम इंगित करता है

ए] फ़ीड दर

बी] धुरी गति

<u>सी] विविधकार्य</u>

डी] टूल नंबर

80] सीएनसी मशीन प्रोग्रामिंग तैयारी समारोह में G00 के लिए है.....

<u>ए] रैखिकइंटरपोलेशन</u>

बी] दक्षिणावर्त वृत्ताकार प्रक्षेप

सी] काउंटर क्लॉकवाइज सर्कुलर इंटरपेलेशन

डी] होल्ड

<u>सीएनसीमशीनकेलिएप्रारंभिककार्य।</u>

preparatory function.jpg

81] सीएनसी मशीन प्रोग्रामिंग तैयारी समारोह में G02 के लिए है.....

ए] रैखिक इंटरपोलेशन

<u>बी] दक्षिणावर्तवृत्ताकारप्रक्षेप</u>

सी] काउंटर क्लॉकवाइज सर्कुलर इंटरपेलेशन

डी] होल्ड

82] बोलो प्रिपरेटरी फंक्शन G 00 में से एक का उपयोग सीएनसी प्रोग्राम में .... के लिए किया जाता है।

ए] रैखिक अंतर्वेशन या सीधी रेखा में फ़ीड गति।

बी] दक्षिणावर्त वृत्ताकार प्रक्षेप

<u>सी] पॉइंटटूपॉइंटपोजिशनिंगयारैपिडमोशन।</u>

डी] काउंटर क्लॉकवाइज सर्कुलर इंटरपेलेशन

83] 3डी इंटरपेलेशन के लिए सीएनसी प्रोग्राम में उपयोग किए जाने वाले बोलो प्रिपरेटरी फंक्शन में से एक

ए] जी 05

बी] जी12

सी] जी17

डी] जी18

सीएनसीमशीनपरथ्रेडिंगऔरटैपिंग।

threading & tapping on cnc.jpg

84] थ्रेड कटिंग कॉन्स्टेंट लेड के लिए सीएनसी प्रोग्राम में आपके द्वारा उपयोग किए जाने वाले बेलो प्रिपरेटरी में से एक

ए] जी33

बी] जी40

सी] जी 53

डी] जी 62

85] टैपिंग ऑपरेशन के लिए सीएनसी प्रोग्राम में उपयोग किए जाने वाले बोलो तैयारी समारोह में से एक।

ए] जी-40

बी] जी 53

सी] जी 62

डी] जी 63

86] मिलिंग ऑपरेशन के लिए सीएनसी कार्यक्रम में उपयोग किए जाने वाले निम्न प्रारंभिक कार्य में से एक।

ए] जी 62

बी] जी 63

सी] जी 78, 79

डी] जी81

<u>सीएनसीमशीनपरड्रिलिंग, बोरिंगऔररीमिंग</u>

drilling boring & reaming.jpg

87] ड्रिलिंग ऑपरेशन के लिए सीएनसी प्रोग्राम में इस्तेमाल किए जाने वाले बोलो प्रिपरेटरी फंक्शन में से एक।

<u>ए] जी 81</u>

बी] जी 82

सी] जी 84

डी] जी 85

88] रीमिंग ऑपरेशन के लिए सीएनसी प्रोग्राम में उपयोग किए जाने वाले बोलो तैयारी समारोह में से एक।

ए] जी 84

<u>बी] जी 85</u>

सी] जी 86

डी] जी 90

89] बोरिंग ऑपरेशन के लिए सीएनसी प्रोग्राम में उपयोग किए जाने वाले निम्न प्रारंभिक कार्य में से एक।

<u>ए] जी 86</u>

बी] जी 90

सी] जी 91

डी] जी 92

<u>सीएनसीकार्यक्रमअनुक्रमसंख्या।</u>

cnc program sequence.png

90] सीएनसी प्रोग्राम में ब्लॉक के क्रमांक को दर्शाने के लिए किस अक्षर का प्रयोग किया जाता है

<u>एक</u>

बी] जी

सी] एफ

डी] एस

91] सीएनसी प्रोग्राम में रैखिक अक्ष की स्थिति को इंगित करने के लिए किस अक्षर का उपयोग किया जाता है

ए] एबीसी

बी] यूवीडब्ल्यू

<u>सी] एक्सवाईजेड</u>

डी] आईजेके

92] फ़ीड दर के लिए सीएनसी कार्यक्रम में प्रयुक्त नीचे दिए गए अक्षरों में से एक जैसा

<u>बी] एफ</u>

सी] टी

डी] एम

<u>सीएनसीमशीनमेंटूलचेंजऔरस्पिंडलस्पीड।</u>

tool change i cnc.jpg

cnc milling atcautomatic-tool-changer-atc

93] आरपीएम में स्पिंडल स्पीड के लिए सीएनसी प्रोग्राम में इस्तेमाल किए गए नीचे दिए गए अक्षरों में से एक

पूर्वाह्न

बी] टी

<u>सी] एस</u>

डी] एफ

94] सीएनसी प्रोग्राम में टूल के टूल फंक्शन नंबर को दर्शाने के लिए किस अक्षर का प्रयोग किया जाता है?

<u>पर</u>

बी] एस

सेमी

डी] एफ

95] सीएनसी प्रोग्राम में प्रोग्राम को रोकने के लिए कौन सा विविध फंक्शन इस्तेमाल किया जाता है

ए] एम03

<u>बी] M00</u>

सी] M01

डी] एम02

<u>सीएनसीमशीनतकलादिशा।</u>

cnc machine spindle direction.png

96] नीचे दिए गए विविध कार्यों में से एक वैकल्पिक स्टॉप को प्रोग्राम करने के लिए उपयोग किया जाता है

<u>ए] एम 01</u>

बी] एम 02

सी] एम 03

डी] एम 04

97] सीएनसी प्रोग्राम में विविध फंक्शन M02 का प्रयोग किया जाता है ......

ए] प्रोग्रामस्टॉप

बी] वैकल्पिक कार्यक्रम बंद करो

सी] कार्यक्रम का अंत

डी] क्लॉकवाइज स्पिंडल ऑन

98] सीएनसी प्रोग्राम में विविध फंक्शन M03 का उपयोग .... के लिए किया जाता है।

ए] काउंटर क्लॉकवाइज स्पिंडल ऑन

बी] दक्षिणावर्तधुरीपर

सी] स्पिंडल ऑफ

डी] टूल चेंज

सीएनसीमशीनमेंशीतलक।

coolant in cnc machine.jpg

cnc coolant-pump

99] स्पिंडल स्टॉप के लिए सीएनसी प्रोग्राम में उपयोग किए जाने वाले विविध कार्यों में से एक।

ए] एम04

बी] एम05

सी] एम06

डी] एम07

100] सीएनसी प्रोग्राम में टूल्स चेंज के लिए किस विविध फ़ंक्शन का उपयोग किया जाता है

ए] एम06

बी] एम07

सी] M09

डी] एम 10

101] शीतलक के लिए सीएनसी कार्यक्रम में उपयोग किए जाने वाले निम्न विविध कार्यों में से एक

ए] एम08

बी] M09

सी] एम 10

डी] एम 11

सीएनसीमशीनपरनौकरीकोजकड़ना।

clamping the job on cnc.jpg

102] कूलेंट ऑफ के लिए उपयोग किए जाने वाले सीएनसी प्रोग्राम में नीचे दिए गए विविध कार्यों में से एक

ए] एम 11

बी] एम 10

सी] एम 9

डी] एम 15

103] सीएनसी प्रोग्राम में मशीन टेबल पर जॉब को क्लैंप करने के लिए किस विविध फ़ंक्शन का उपयोग किया जाता है।

ए] M09

बी] एम 10

सी] एम 11

डी] एम 15

104] सीएनसी प्रोग्राम में नीचे दिए गए विविध कार्यों में से एक का उपयोग नौकरी को खोलने के लिए किया जाता है

<u>ए] एम 11</u>

बी] एम 15

सी] एम 30

डी] एम 60

<u>सीएनसीमशीनमेंवर्कपीसचेंज।</u>

workpice change in cnc.jpg

105] सीएनसी प्रोग्राम में वर्कपीस के परिवर्तन के लिए किस विविध कार्य का उपयोग किया जाता है

ए] एम 30

<u>बी] एम 60</u>

सी] एम68

डी] एम78

106] सीएनसी मशीन पर शून्य ऑफ-सेटिंग के लिए मशीन .... है।

<u>ए] एमडीआईमोडमें</u>

बी] जॉग मोड में

सी] स्वचालित मोड में

डी] वर्तमान मोड में

107] एनसी मशीन पर फ़ीड दर ...... कोड द्वारा इंगित की जाती है।

ए] एक्स

द्वारा

<u>सी] एफ</u>

डी] ज़ू

<u>सीएनसीमशीनएक्सिसस्थिति]</u>

cnc machine axis position.jpg

108] अक्ष की स्थिति ....कोड द्वारा इंगित की जाती है।

<u>ए] एक्स, वाई, जेड</u>

बी] पी, क्यू, आर

सी] ए, बी, सी

डी] एम, एन, ओ

109] सीएनसी ड्रिलिंग मशीन चालू है.......एक्सिस प्रोग्राम किया गया।

ए] दो अक्ष

बी] तीन अक्ष

सी] चार अक्ष

<u>डी] छहअक्ष</u>

110] सीएनसी की कंट्रोल यूनिट में ....यूनिट से निर्देश एकत्रित करें

ए] मशीन टूल

बी] निर्देश

सी] चुंबकीय बॉक्स

<u>डी] मेमोरी</u>

<u>सीएनसीमशीनकाकार्यग्राफ]</u>

working graph of cnc machine.jpg

111] एनसी मशीन का टेप तैयार करने के लिए---------- कोड का उपयोग किया जाता है।

ए] ईआईएकोड

बी] आईएसओ कोड

सी] एएससी कोड

डी] उनमें से कोई नहीं।

112] सीएनसी मशीन कन्वेंशन मशीन की तुलना में अधिक सटीक उत्पादन देती है, लेकिन यह अधिक महंगा है क्योंकि।

ए] इसमें एसी केबिन है

B] इसमेंडस्टप्रूफकेबिनहै

सी] इसकी मजबूत नींव है

डी] इसमें अधिक जगह है

113] सीएनसी मशीन ग्राफिकल बेस द पॉइंट ऑन डिजिटल लाइन पर काम कर रही है, संकेतित डिजिटल पॉइंट कॉल ....।

एक ग्राफ

बी] इनपुट मीडिया

सी] समन्वय

डी] मूल बिंदु

सीएनसीमशीनमेंएक्सिसरोटरीमोशन]

axis rotary motion in CNC.png

114] अनुदैर्ध्य फ़ीड के लिए सीएनसी मशीन पर.......अक्ष, क्रॉस फीड......अक्ष और ऊर्ध्वाधर फ़ीड के लिए........अक्ष नाम दिया गया है।

ए] ए, बी, सी

बी] एक्स, वाई, जेड

सी] पी, क्यू, आर

डी] एम, एन, ओ

115] रोटरी गति के लिए सीएनसी मशीन अक्ष में .... नाम दिया गया है।

ए] ए, बी, सी

बी] एक्स, वाई, जेड

सी] पी, क्यू, आर

डी] एम, एन, ओ

116] सीएनसी मशीन का मतलब ......

ए] प्राकृतिक नियंत्रण मशीन

बी] वायवीय नियंत्रण मशीन

सी] संख्यात्मकनियंत्रणमशीन

डी] नो कमांड मशीन

117] हाइड्रोलिक पाइप बेंडिंग मशीन के इनर फॉर्मर्स पाइप को के व्यास तक मोड़ने में सक्षम होते हैं

ए] 40 मिमी

बी] 100 मिमी

सी] 20 मिमी

डी] 75 मिमी

118] ग्राइंडिंग मशीन में प्रयुक्त हाइड्रोलिक द्रव का कौन सा गुण नहीं है?

ए] इसे हवा को नियंत्रित या अवशोषित नहीं करना चाहिए

बी] यह चलती भागों के क्षरण का कारण नहीं बनना चाहिए

सी] पर्याप्त चिपचिपापन होना चाहिए

डी] इसेऑपरेटिंगतापमानपरवाष्पीकृतकरनाचाहिए

119] निम्नलिखित में से कौन सा वायवीय प्रणाली का लाभ है?

ए] कमलागतवालेलेआउटकेलिए

B] उत्पादन की दर बढ़ाने के लिए

सी] बेहतर कामकाजी माहौल के लिए

120] न्यूमेटिक पावर सिस्टम के किस लाभ के बाद

ए] उत्पादन दर बढ़ाने के लिए।

बी] लेआउट के लिए कम नकद

सी] काम के लिए अच्छा माहौल

डी] सबसेऊपर

121]हाइड्रोलिक ब्रेक सिस्टम में द्रव का दबाव किसके द्वारा नियंत्रित होता है

ए] कानून उबालता है

बी] चार्ल्स कानून

C] पास्कलकानियम

डी] उपरोक्त कानूनों में से कोई नहीं

122] सिलेंडर के अंदर और बाहर दोनों तरह से तरल पदार्थ की अनुमति देता है

ए] पिस्टन

बी] पुश रॉड

सी] प्राथमिक कप

डी] चेकवाल्व

123] एयर टैंक से हवा के अतिरिक्त दबाव से राहत मिलती है]

ए] एयर कंप्रेसर

बी] अनलोडर वाल्व

सी] सुरक्षावाल्व

डी] ब्रेक चैम्बर

124] अधिकतम वायु दाब को नियंत्रित करता है, वायु टैंक तक पहुँचता है]

ए] एयर कंप्रेसर

बी] अनलोडरवाल्व

सी] सुरक्षा वाल्व

डी] ब्रेक चैम्बर

125] विभिन्न सर्किटों में हवा वितरित करता है

ए] ब्रेक एक्ट्यूएटर

बी] दोहरी ब्रेक वाल्व

सी] सिस्टमसुरक्षावाल्व

126] एक वोल्टेज स्रोत 20 ओम प्रतिरोध में 40V की एक IR ड्रॉप, 30 ओम प्रतिरोध में 60V और सभी श्रृंखला में 90 ओम प्रतिरोध में 180V का उत्पादन करता है] लागू वोल्टेज कितना है?

ए] 180 वी

बी] 240 वी

सी] 100 वी

डी] 280 वी

127] एक ट्यूब लाइट सर्किट में चोक का प्रारंभिक कार्य है...

ए] प्रारंभिक धारा को सीमित करें

बी] उच्चवोल्टेजप्रेरित

सी] फिलामेंट को गर्म करें

डी] चालू करने के बाद वर्तमान को सीमित करें

128] पीक-टू-पीक वोल्टेज 99V है] साइन वेव का प्रभावी मूल्य कितना बड़ा है?

ए] 70 वी

बी] 44.5 वी

सी] 49.5 वी

डी] 35 वी

129]एक मूविंग कॉइल वाल्टमीटर 10 वी एसी पढ़ता है]प्रभावी वोल्टेज कितना बड़ा है?

एक उच्च

बी] निचला

सी] वही

डी] 10% अधिक

130] एक संधारित्र 200 वोल्ट एसी लाइन से जुड़ा है, इसकी न्यूनतम वोल्टेज रेटिंग होनी चाहिए...

ए] 100 वोल्ट

बी] 200 वोल्ट

सी] 300 वोल्ट

डी]400 वोल्ट

131]कार्बन जिंक सेल का नाममात्र आउटपुट वोल्टेज कितना है?

ए]12वी

बी] 1.5V

सी] 2.0 वी

डी] 2.2 वी

132]कोशिकाएं श्रृंखला में किससे जुड़ी होती हैं..

ए] आउटपुटवोल्टेजबढ़ाएं

बी] आउटपुट वोल्टेज कम कर देता है

सी]आंतरिक प्रतिरोध में कमी

डी]वर्तमान क्षमता में वृद्धि

133] एक अज्ञात डीसी वोल्टेज को मापा जाना है, आप पहले किस माप रेंज का चयन करेंगे?

ए] 500V

बी] 50 वी

सी]1.5 वी

डी] 0.5 वी

134]एक चालक में विकसित उष्मा किसके समानुपाती होती है...

ए] शक्ति का वर्ग

बी]प्रतिरोध का वर्ग

C] धाराकावर्ग

डी] समय का वर्ग

135]ट्यूब लाइट सर्किट में चोक का दूसरा कार्य है...

ए]प्रारंभिक धारा को सीमित करें

बी] उच्च वोल्टेज प्रेरित

सी] फिलामेंट को गर्म करें

डी] चालूकरनेकेबादवर्तमानकोसीमितकरें

136] एक गतिमान लोहे का एमीटर 10 ए पढ़ता है] दोलन की चरम धारा कितनी बड़ी है?

ए]7.07 ए

बी]1.1414ए

सी] 70.7 ए

डी] 14.1 ए

137]बिजली कंपनियां पावर फैक्टर को बेहतर बनाने में रुचि रखती हैं

ए] लाइनकरंटकमकरें

बी] मोटर दक्षता में वृद्धि

C]वोल्ट-एम्पीयर बढ़ाएँ

डी] शक्ति में कमी

138] एक RL समानांतर परिपथ में, कुल धारा के विरोध को कहा जाता है...

ए]प्रतिक्रिया

बी] प्रतिरोध

सी] एक वेक्टर योग

डी] <u>प्रतिबाधा</u>

139] माइक्रो एम्पीयर रेटिंग की एक अज्ञात प्रत्यक्ष धारा को मापा जाना है, आप पहले किस माप रेंज का चयन करेंगे?

ए]20 माइक्रो amp

बी]15 माइक्रो amp

सी] 150 माइक्रो amp

डी] <u>500 माइक्रो amp</u>

140]पृथ्वी कंडक्टर जमीन के लिए एक मार्ग प्रदान करता है ..

ए] <u>लीकेजकरंट</u>

बी] वर्तमान से अधिक

सी] उच्च वोल्टेज

डी]सर्किट करंट

141] कौन सा उपकरण विद्युत धारा के ऊष्मीय प्रभाव पर कार्य करता है?

ए] गरमागरम दीपक

बी]द्विधातु थर्मोस्टेट

सी]एचआरसी फ्यूज

डी] <u>टोस्टर</u>

142] परिनालिका के दो टर्मिनलों को कनेक्ट करें]

ए] पिनियन

बी] ओवर रनिंग क्लच

सी] <u>सवारडिस्क</u>

डी] क्लच

143] जब हॉर्न का बटन दबाया जाता है तो करंट प्रवाहित होकर हॉर्न तक जाता है

ए] हॉर्न स्विच

बी] <u>सोलेनॉइड कॉइल</u>

सी] बैटरी

डी] चेसिस]

144] कोर को चुंबक में बदल देता है

ए] <u>सोलेनॉइड स्विच</u>

बी] सक्रिय तार (गर्म होने पर)

सी] गिट्टी प्रतिरोधी

डी] सक्रिय तार (ठंडा होने पर)

145] एक संधारित्र कनेक्ट होने पर एसी मोटर लोड के पावर फैक्टर मान को बढ़ाता है...

ए] मोटर के साथ श्रृंखला में

बी]स्टार्टर के साथ श्रृंखला में

सी <u>]मोटरकेसमानांतर</u>

डी] मुख्य घुमावदार के साथ श्रृंखला में

146] तुल्यकालिक मोटर जब शक्ति कारक सुधार के लिए उपयोग की जाती है...

A]अंडर एक्साइटेड

बी] <u>अतिउत्साहित</u>

सी] लोडेड

डी]बिना लोड के चल रहा है

147]यदि कोई वाइंडिंग मिक्सर मोटर के मेटल केस के साथ विद्युत संपर्क बनाती है तो वाइंडिंग...

ए] <u>ग्राउंडेड</u>

बी]ओपन सर्कुलेटेड

सी]शॉर्ट सर्कुलेटेड

डी] ढीला जुड़ा हुआ

148] यदि रोटर का अंतिम शाफ्ट नीला हो जाता है तो यह इस बात का संकेत है कि...

ए]स्कोरिंग

बी] <u>ओवरहीटिंग</u>

सी] फ्रीजिंग

डी] burring

149] एक्सट्रीम प्रेशर एडिटिव (EPA) को कटिंग फ्लुइड के साथ मिलाया जाता है ताकि इसकी शक्ति में सुधार किया जा सके।

ए] कूलिंग

<u>बी] स्नेहन</u>

डी] मशीनी सतह का उत्पादन

C] कटिंग जोन की सफाई

150] मशीन टूल्स में लुब्रिकेंट का उपयोग करने का मुख्य उद्देश्य है ------

ए] बनाने वाले हिस्सों को ठंडा करें

बी] मशीन टूल को गर्म होने से रोकें

सी] निकट संपर्क के लिए बनाने वाले हिस्सों को गीला करें

डी] बनानेवालेहिस्सोंकेबीचघर्षणकोकमकरें

151] निवारक रखरखाव है ....]

ए] रखरखाव में संवेदनशील उपकरणों का उपयोग शामिल है

बी] रखरखाव आमतौर पर ऑपरेटर द्वारा स्वयं किया जाता है

सी] काम तभी किया जाता है जब मशीन खराब हो जाती है

डी] अप्रत्याशितटूटनेकोकमकरनेकीयोजना

152] ब्रेक डाउन रखरखाव क्या है?

ए] अप्रत्याशित टूटने को कम करने के लिए रखरखाव

बी] रखरखाव आमतौर पर स्वयं ऑपरेटर द्वारा किया जाता है

सी] रखरखाव में खराब हो चुके हिस्सों को बदलना शामिल है

D] मशीनखराबहोनेपरहीमरम्मतकार्यकियाजाताहै

153] नियमित रखरखाव है ---------

ए] अप्रत्याशित टूटने को कम करने के लिए यह नियोजित रखरखाव है

बी] इस प्रकार के रखरखाव में संवेदनशील उपकरण का उपयोग शामिल है

सी] यह मरम्मत का काम है जब मशीन खराब हो जाती है

डी] इसप्रकारकारखरखावआमतौरपरऑपरेटरद्वारास्वयंकियाजाताहै

154] एक ठोस उपकरण का अत्याधुनिक उपकरण का बना होता है

ए] कार्बनस्टील

बी] हल्के स्टील

सी] सुपर हाई स्पीड स्टील

डी] स्टेलाइट

155] सीमेंटेड कार्बाइड थ्रेडिंग टूल की नोक है

ए] ब्रेज़्ड

बी] वेल्डेड

सी] मिलाप

D] टांग से जकड़ा हुआ

156] उपकरण काम की सतहों के खिलाफ रगड़ेगा और काटने की शक्ति बढ़ जाती है जब ..

ए] निकासी कोण अधिक है

बी] निकासीपरीकमहै

सी] रेक कोण अधिक है

D] रेक कोण कम होता है

157] काटते समय चिप का निर्माण किस पर आधारित होता है?...

A] टूलकारेकएंगल

बी] उपकरण का निकासी कोण

C] टूल का वेज एंगल

डी] टूल का क्लीयरेंस और वेज एंगल

158] निम्नलिखित में से कौन सा फ्रंट क्लीयरेंस एंजेल है?

ए] फ्रंटक्लीयरेंसएंगल

बी] कील कोण

सी] कोण काटना

डी] बैक रेक एंगल

159] जब काटने का उपकरण अपनी क्रिया शुरू करता है और इस स्थिति में काटने की शक्ति में वृद्धि होती है तो उपकरण का प्रभाव क्या होता है ..?

ए] उपकरण का निकासी कोण अधिक है

बी] उपकरणकानिकासीकोणकमहै

C] टूल का रेक एंगल कम होता है

D] टूल का रेक एंगल ज्यादा होता है

160] टूल के लिए रेक एंगल का उद्देश्य है?

ए] मानसिकचिप्सकेलिएसहीदिशा

बी] काम पर अच्छा परिष्करण

सी] उपकरण के जीवन को बढ़ाने के लिए

डी] नौकरी और उपकरण के बीच घर्षण से बचने के लिए

161] कटिंग टूल के लिए क्लीयरेंस एंगल प्रदान करने का उद्देश्य है?

ए] धातु काटने वाले चिप्स की सही दिशा के लिए

बी] नौकरी के हिट होने पर घर्षण को कम करें

सी] नौकरीघर्षणकेऋषिकेलिए

डी] काम पर बेहतर परिष्करण के लिए

162] यदि काटने के उपकरण ऊपरी केंद्र की ऊंचाई निर्धारित करते हैं तो क्या होता है?

ए] शीर्षरेककोणबढ़ाएं

बी] कम शीर्ष रेक कोण

सी] शीर्ष रेक कोण पर कोई प्रभाव नहीं

डी] निकासी कोण बढ़ाएँ

163] यदि कटिंग टूल सेटिंग को केंद्र की ऊंचाई से कम किया जाए तो क्या होगा?

ए] शीर्ष रेक कोण बढ़ाएं

बी] शीर्षरेककोणघटाएं

सी] रेक पर कोई प्रभाव नहीं

डी] निकासी कोण घटाएं

164] यदि काटने का उपकरण नौकरी के केंद्र को परेशान कर रहा है?

ए] फ्रंट क्लीयरेंस एंगल बढ़ाएं

बी] फ्रंटक्लीयरेंसएंगलघटाएं

सी] सामने निकासी कोण पर कोई प्रभाव नहीं

डी] उनमें से कोई नहीं

165] अगर कटिंग टूल डाउन है तो जॉब सेंटर की सेटिंग?

ए] फ्रंटक्लीयरेंसएंगलबढ़ाहुआहै

बी] सामने निकासी कोण कम हो गया है

सी] निकासी कोण पर कोई प्रभाव नहीं

डी] उनमें से कोई नहीं

166] जीरो रेक एंगल टूल के लिए देते हैं?

ए] उपकरण के घर्षण से बचने के लिए

बी] उपकरणजीवनकोबढ़ानेकेलिए

C] सीधे टूल को बढ़ाने के लिए

डी] काम पर बेहतर परिष्करण के लिए

167] कार्बाइड टिप टूल के लिए हार्ड मटेरियल को चालू करने के लिए ...... आवश्यक है?

ए] साइड रेक कोण

बी] शून्य रेक कोण

सी] सकारात्मक रेक कोण

D] ऋणात्मकरेककोण

168] काटने के उपकरण की धार को नहीं तोड़ने के लिए...?

ए] फ़ीड वृद्धि

बी] काटने की गति कम हुई

सी] नाक की लंबाई कम हो जाती है

डी] ऋणात्मकरेककोणकाप्रयोगकरें

169] हाइड्रोलिक मशीनों द्वारा हाइड्रोलिक ऊर्जा को ऊर्जा के दूसरे रूप में परिवर्तित किया जाता है। वह ऊर्जा का कौन सा रूप है?

क) यांत्रिकऊर्जा

बी) विद्युत ऊर्जा

ग) परमाणु ऊर्जा

डी) लोचदार ऊर्जा

170] हाइड्रोलिक टर्बाइन में किस सिद्धांत का उपयोग किया जाता है?

ए) फैराडे कानून

b) <u>न्यूटनकादूसरानियम</u>

c) चार्ल्स लॉ

d) ब्रैग्स कानून

171] टरबाइन में प्रयुक्त बाल्टी और ब्लेड का उपयोग निम्न के लिए किया जाता है:

a) <u>पानीकीदिशाबदलें</u>

बी) टर्बाइन बंद करें

ग) हवा की गति को नियंत्रित करने के लिए

डी) शक्ति को पुन: उत्पन्न करने के लिए

172] __________ पानी की ऊर्जा से प्राप्त विद्युत शक्ति है।

ए) रोटो गतिशील शक्ति

बी) थर्मल पावर

ग) परमाणु शक्ति

डी) <u>जलविद्युतशक्ति</u>

173] टर्बाइन में उत्पन्न ऊर्जा का उपयोग टर्बाइन शाफ्ट से जुड़े विद्युत ऊर्जा जनरेटर को चलाने के लिए किया जाता है?

क) <u>यांत्रिकऊर्जा</u>

बी) संभावित ऊर्जा

ग) लोचदार ऊर्जा

d) गतिज ऊर्जा

174] हाइड्रोलिक मशीनें श्रेणी के अंतर्गत आती हैं:

ए) पल्वराइज़र

बी) काइनेटिक मशीनरी

सी) कंडेनसर

d) <u>रोटो-डायनेमिकमशीनरी</u>

175] किस प्रकार के टर्बाइनों में प्रवेश करने वाले पानी के दबाव में परिवर्तन होता है?

ए) <u>प्रतिक्रियाटर्बाइन</u>

बी) आवेग टर्बाइन

ग) प्रतिक्रियाशील टर्बाइन

d) काइनेटिक टर्बाइन

176] पानी के प्रवाह के माध्यम से उसके वेग को बदलने के लिए किस प्रकार के टरबाइन का उपयोग किया जाता है?

a) काइनेटिक टर्बाइन

बी) अक्षीय प्रवाह टर्बाइन

ग) <u>आवेगटर्बाइन</u>

डी) प्रतिक्रिया टर्बाइन

177] फ्रांसिस टर्बाइन किस प्रकार की टर्बाइन है?

ए) इंपल्स टर्बाइन

बी) स्क्रू टर्बाइन

सी) <u>रिएक्शनटर्बाइन</u>

डी) टर्गो टर्बाइन

178]प्रतिक्रिया टर्बाइन कितने प्रकार के होते हैं?

ए) <u>5</u>

बी 4

ग) 3

घ) 9

179] फोरनेरॉन टर्बाइन किस प्रकार की टर्बाइन है?

क) आवक प्रवाह टर्बाइन

बी) <u>जावकप्रवाहटर्बाइन</u>

ग) मिश्रित प्रवाह टर्बाइन

डी) रेडियल फ्लो टर्बाइन

180] फ्लुइड पावर सर्किट निम्न के लिए योजनाबद्ध आरेखण का उपयोग करते हैं:

ए) <u>घटकफ़ंक्शनविवरणकोसरलबनाएं</u>

b) इसे ऐसा बनाएं कि केवल प्रशिक्षित व्यक्ति ही कार्यों को समझ सकें

ग) ड्राइंग को प्रभावशाली बनाएं

d) अप्रशिक्षित व्यक्ति को समझाना

181] एक वायवीय प्रतीक है:

ए) <u>एकहीफ़ंक्शनकेलिएउपयोगकिएजानेवालेहाइड्रोलिकप्रतीकसेअलग</u>

बी) एक ही फ़ंक्शन के लिए उपयोग किए जाने वाले हाइड्रोलिक प्रतीक के समान

सी) एक ही फ़ंक्शन के लिए उपयोग किए जाने वाले हाइड्रोलिक प्रतीक से तुलना नहीं की जानी चाहिए

d) उल्लिखित में से कोई नहीं

182] वायवीय प्रणालियां आमतौर पर इससे अधिक नहीं होती हैं:

ए) <u>1 एचपी</u>

बी) 1 से 2 एचपी

सी) 2 से 3 एचपी

डी) 4 से 5 एचपी

183] अधिकांश हाइड्रोलिक सर्किट:

ए) एककेंद्रीयहाइड्रोलिकपावरयूनिटसेसंचालितहोताहै

बी) एयर-ओवर-ऑयल बिजली इकाइयों का प्रयोग करें

ग) एक समर्पित बिजली इकाई है

d) समर्पित बिजली इकाई नहीं है

184] हाइड्रोलिक और वायवीय सर्किट:

क) सभी कार्यों के लिए समान रूप से प्रदर्शन करें

बी) सभी कार्यों के लिए अलग-अलग प्रदर्शन करें

ग) कुछअपवादोंकेसाथऐसाहीकरें

d) सभी कार्य नहीं करता है

185] वायवीय परिपथ में स्नेहक है:

क) पंक्ति में पहला तत्व

b) पंक्ति में दूसरा तत्व

ग) पंक्तिमेंअंतिमतत्व

d) पंक्ति में तीसरा तत्व

186] हाइड्रोलिक सिस्टम की पहली लागत की तुलना वायवीय प्रणालियों से करते समय, आम तौर पर वे हैं:

ए) खरीदने के लिए और अधिक महंगा

बी) खरीदनेकेलिएकमखर्चीला

ग) लागत समान है

घ) लागत की आवश्यकता नहीं है

187] हाइड्रोलिक सिस्टम की परिचालन लागत की तुलना वायवीय प्रणालियों से करते समय, आम तौर पर वे होते हैं।

ए) संचालित करने के लिए और अधिक महंगा

बी) संचालितकरनेकेलिएकमखर्चीला

सी) लागत संचालित करने के लिए समान है

घ) लागत की आवश्यकता नहीं है

188] सबसे आम हाइड्रोलिक द्रव है:

ए) खनिज तेल

बी) सिंथेटिक तरल पदार्थ

सी) पानी

घ) जेल

189) हाइड्रोलिक पावर सिस्टम में किस द्रव का उपयोग किया जाता है?

पानी

उबलना

सी] गैर-संपीड़ित तरल पदार्थ

डी] उपरोक्तसभी

190) 1 बार का दबाव बराबर होता है

ए] 14]5 पीएसआई

बी] 145 पीएसआई

ग] 12]5 पीएसआई

घ] 145 x 10-6 पीएसआई

191) ओवरलोडिंग का द्रव शक्ति और विद्युत प्रणालियों पर क्या प्रभाव पड़ता है?

a] विद्युत प्रणालियों में विद्युत घटक क्षतिग्रस्त हो जाते हैं

बी] द्रव शक्ति प्रणाली घटकों को नुकसान पहुंचाए बिना काम करना बंद कर देती है

सी] दोनोंए] औरबी]

डी] उपरोक्त में से कोई नहीं

192) द्रव विद्युत प्रणालियों में शक्ति का संचार कैसे होता है?

ए] शक्तितुरंतप्रसारितहोतीहै

बी] शक्ति धीरे-धीरे प्रसारित होती है

सी] दोनों ए] और बी]

डी] उपरोक्त में से कोई नहीं

193) आम तौर पर तरल पदार्थ गैर-संपीड़ित होते हैं लेकिन जब 70 बार का एक बड़ा दबाव लगाया जाता है, तो पेट्रोलियम तेल को संपीड़ित किया जा सकता है

a] 0] इसकीमूलमात्राका 5%

बी] इसकी मूल मात्रा का 1%

सी] इसकी मूल मात्रा का 5%

डी] उपरोक्त में से कोई नहीं

194) एक पिस्टन के अंदर द्रव के प्रवाह के लिए दिया गया प्रतिरोध विकसित होता है

ए] दबाव

बी] बल

सी] तनाव

D। उपरोक्त सभी

195) कम दबाव पर, तरल पदार्थ होते हैं

ए] संपीड़ित

बी] गैर-संपीड़ित

ग] अप्रत्याशित

196) हाइड्रोलिक सिस्टम में,

a] यांत्रिकऊर्जाकोतेलमेंस्थानांतरितकियाजाताहैऔरफिरयांत्रिकऊर्जामेंपरिवर्तितकियाजाताहै

बी] विद्युत ऊर्जा को तेल में स्थानांतरित किया जाता है और फिर यांत्रिक ऊर्जा में परिवर्तित किया जाता है

ग] यांत्रिक ऊर्जा को तेल में स्थानांतरित किया जाता है और विद्युत ऊर्जा में परिवर्तित किया जाता है

डी] उपरोक्त में से कोई नहीं

197) निम्न में से किसका उपयोग हाइड्रोलिक पावर यूनिट में एक घटक के रूप में किया जाता है?

ए] दबाव नापने का यंत्र

बी] फिलर गेज

सी] वाल्व

डी] जलाशय

198) हाइड्रोलिक पावर यूनिट में रोटरी गति का उपयोग करके प्राप्त किया जाता है

ए] हाइड्रोलिक सिलेंडर

बी] वायवीय सिलेंडर

ग] दोनों हाइड्रोलिक और वायवीय सिलेंडर

डी] उपरोक्तमेंसेकोईनहीं

199) स्थिर विस्थापन फलक पंप के लिए गति और प्रवाह दर के बीच क्या संबंध है?

ए] रोटरकीगतिमेंवृद्धिकेसाथप्रवाहदरबढ़जातीहै

बी] रोटर की गति में वृद्धि के साथ प्रवाह दर घट जाती है

ग] प्रवाह दर स्थिर है और गति में परिवर्तन के साथ नहीं बदलता है

डी] उपरोक्त में से कोई नहीं

200) निश्चित विस्थापन फलक पंप में,

ए] कामकेदबावमेंवृद्धिकेसाथप्रवाहदरघटजातीहै

बी] काम के दबाव में वृद्धि के साथ प्रवाह दर बढ़ जाती है

सी] प्रवाह दर स्थिर है और काम के दबाव के साथ नहीं बदलता है

डी] उपरोक्त में से कोई नहीं

201) हाइड्रोलिक एक्ट्यूएटर्स द्वारा किस प्रकार की गति का संचार किया जाता है?

ए] रैखिक गति

बी] रोटरी गति

सी] दोनोंए] औरबी]

डी] उपरोक्त में से कोई नहीं

202) इलेक्ट्रिक एक्ट्यूएटर का क्या कार्य है?

ए] विद्युतऊर्जाकोयांत्रिकटोक़मेंपरिवर्तितकरताहै

बी] यांत्रिक टोक़ को विद्युत ऊर्जा में परिवर्तित करता है

सी] यांत्रिक ऊर्जा को यांत्रिक टोक़ में परिवर्तित करता है

डी] उपरोक्त में से कोई नहीं

203) निम्नलिखित में से कौन निर्माण पर आधारित हाइड्रोलिक सिलेंडर है?

ए] एकल अभिनय सिलेंडर

बी] डबल अभिनय सिलेंडर

सी] वेल्डेडडिजाइनसिलेंडर

D। उपरोक्त सभी

204) हाइड्रोलिक सिलेंडरों द्वारा किस ऊर्जा को यांत्रिक ऊर्जा में परिवर्तित किया जाता है?

ए] हाइड्रोस्टेटिकऊर्जा

बी] हाइड्रोडायनामिक ऊर्जा

ग] विद्युत ऊर्जा

डी] उपरोक्त में से कोई नहीं

205) एकल अभिनय सिलेंडर का उपयोग करने का क्या फायदा है?

ए] उच्च लागत और विश्वसनीय

बी] पंप की आंतरिक सतह के अंदर सम्मान की आवश्यकता नहीं है

ग] पिस्टनसीलकीआवश्यकतानहींहै

D। उपरोक्त सभी

206) प्रवाह नियंत्रण वाल्व का कार्य क्या है?

ए] प्रवाह नियंत्रण वाल्व तेल प्रवाह की दिशा बदलता है

बी] प्रवाहनियंत्रणवाल्वहाइड्रोलिकतेलकीप्रवाहदरकोसमायोजितकरसकताहै

सी] दोनों ए] और बी]

डी] उपरोक्त में से कोई नहीं

207) 4/2 वाल्व में संख्याओं का क्या अर्थ है?

ए] 4 स्थिति और 2 तरीके

बी] 4 तरीकेऔर 2 स्थिति

ग] उपरोक्त में से कोई नहीं

डी] 3 तरीके 2 स्थिति

208) किस प्रकार के सोलनॉइड में कॉइल के खराब होने की संभावना अधिक होती है?

ए] एसीसोलनॉइड

बी] डीसी सोलनॉइड

ग] एसी और डीसी दोनों सोलेनोइड्स

डी] उपरोक्त में से कोई नहीं

209) दो चरण दिशा नियंत्रण वाल्व में कौन सा चरण सोलनॉइड संचालित होता है?

ए] मुख्य चरण दिशा नियंत्रण वाल्व

बी] पायलटचरणदिशानियंत्रणवाल्व

सी] दो चरण दिशा नियंत्रण में दोनों चरण सोलनॉइड संचालित होते हैं

डी] उपरोक्त में से कोई नहीं

210) निम्नलिखित में से कौन एक गैस आवेशित संचायक है?

ए] मूत्राशयकाप्रकार

बी] वसंत लोड संचायक

सी] भारित संचायक

D। उपरोक्त सभी

211) पिस्टन के नीचे द्रव के दबाव की गणना भारित संचायक में कैसे की जाती है?

a] द्रवकादबाव = (वजनजोड़ा / पिस्टनक्षेत्र)

बी] द्रव का दबाव = (पिस्टन क्षेत्र / वजन जोड़ा गया)

ग] द्रव का दबाव = (वजन जोड़ा / पिस्टन बल)

d] द्रव का दबाव = (पिस्टन बल / भार जोड़ा गया)

212) गैस आवेशित संचायक में निम्नलिखित में से किस गैस का उपयोग किया जाता है?

ए] ऑक्सीजन

बी] नाइट्रोजन

सी] कार्बन डाइऑक्साइड

D। उपरोक्त सभी

213) रुद्धोष्म रूप से दबाव और आयतन में तेजी से बदलाव का संबंध इस प्रकार दिया गया है:

a] p0 v0 = p1 v1 = p2 v2

ख] p0 v0 = p1 v1n = p2 v2n

ग] p0 v0n = p1 v1n = p2 v2n

डी] उपरोक्त में से कोई नहीं

214) क्लैम्पिंग ऑपरेशन में पायलट द्वारा संचालित चेक वाल्व का उपयोग क्यों किया जाता है?

ए] स्पूल वाल्व में रिसाव को कम करने के लिए

बी] क्लैंपिंग के दौरान दबाव में कमी से बचने के लिए

सी] दोनोंए] औरबी]

डी] उपरोक्त में से कोई नहीं

215) नीचे दिखाया गया हिस्सा किस क्षेत्र को दर्शाता है?

ए] रॉड क्षेत्र

बी] पूर्ण बोर क्षेत्र

सी] एनलसक्षेत्र

डी] उपरोक्त में से कोई नहीं

216) निम्नलिखित में से कौन सा कथन सत्य है?

ए] मीटर-इन फीड सर्किट में दो दिशाओं में गति नियंत्रण होता है

बी] मानकब्लॉकफीडसर्किटमेंदोदिशाओंमेंगतिनियंत्रणहोताहै

सी] टैंक लाइन फीड कंट्रोल सिस्टम में केवल एक दिशा में गति नियंत्रण होता है

D। उपरोक्त सभी

217) रोटरी चक में रिसाव की भरपाई किसके द्वारा की जा सकती है

ए] प्रवाह नियंत्रण वाल्व

बी] पायलट संचालित चेक वाल्व

ग] संचायक

D। उपरोक्त सभी

218) सुरक्षा के उद्देश्य से सिस्टम से संचायक को ब्लॉक करने के लिए किस वाल्व का उपयोग किया जाता है?

ए] पायलट वाल्व

बी] सुईवाल्व

ग] डिटेंट वाल्व

D। उपरोक्त सभी

219) औद्योगिक अनुप्रयोगों में उपयोग किए जाने पर निम्नलिखित में से कौन सी प्रणाली अधिक ऊर्जा उत्पन्न करती है?

ए] हाइड्रोलिकसिस्टम

बी] वायवीय प्रणाली

c] दोनों प्रणालियाँ समान ऊर्जा उत्पन्न करती हैं

डी] नहीं कह सकता

220) किस प्रकार के कंप्रेसर को संपीड़ित हवा के लिए जलाशय की आवश्यकता होती है और क्यों?

ए] स्पंदन प्रभाव से बचने के लिए रोटरी कंप्रेसर

बी] स्पंदनप्रभावसेबचनेकेलिएपारस्परिककंप्रेसर

ग] स्पंदन प्रभाव से बचने के लिए रोटरी और रिसीप्रोकेटिंग कम्प्रेसर दोनों;

डी] उपरोक्त में से कोई नहीं

221) कंप्रेसर का चयन करते समय निम्नलिखित में से किन कारकों पर विचार किया जाता है?

ए] आवश्यक तेल फिल्टर का प्रकार

बी] वॉल्यूमेट्रिकदक्षता

ग] इस्तेमाल किए गए तरल पदार्थों की चिपचिपाहट

D| उपरोक्त सभी

222) निम्नलिखित में से कौन वायु उत्पादन प्रणाली में प्रयुक्त होने वाला घटक है?

ए] दबाव स्विच

बी] दबाव नापने का यंत्र

सी] सुखानेकीमशीन

डी] इंटरकूलर

223) एक दो चरण के कंप्रेसर में एक इंटरकूलर कहाँ जुड़ा है?

ए] इंटरकूलर दो चरण कंप्रेसर के बाद जुड़ा हुआ है

बी] इंटरकूलरकंप्रेसरकेदोचरणोंकेबीचजुड़ाहुआहै

सी] इंटरकूलर दो चरण कंप्रेसर से पहले जुड़ा हुआ है

डी] उपरोक्त में से कोई नहीं

224) निम्नलिखित में से किस संकेतन का प्रयोग नियामक इकाई का प्रतिनिधित्व करने के लिए किया जाता है?

ए] 3]0

बी] 0]3

ग] 3

डी] उपरोक्त में से कोई नहीं

225) निम्नलिखित में से कौन सा तर्क वाल्व शटल वाल्व के रूप में जाना जाता है?

ए] यागेट

बी] और गेट

सी] नोर गेट

घ] नंद

226) वायवीय प्रणालियों में, AND गेट को के रूप में भी जाना जाता है

ए] चेक वाल्व

बी] शटल वाल्व

सी] दोहरीदबाववाल्व

डी] उपरोक्त में से कोई नहीं

227) दबाव अनुक्रम वाल्व क्या है?

ए] यहसमायोज्यदबावराहतवाल्वऔरदिशात्मकनियंत्रणवाल्वकाएकसंयोजनहै

बी] यह गैर-समायोज्य दबाव राहत वाल्व और दिशात्मक नियंत्रण वाल्व का एक संयोजन है

ग] यह समायोज्य दबाव कम करने वाले वाल्व और चेक वाल्व का एक संयोजन है

डी] यह समायोज्य दबाव कम करने वाले वाल्व और प्रवाह नियंत्रण वाल्व का एक संयोजन है

228) न्यूमेटिक सिस्टम में सिग्नल के ओवरलैपिंग से बचा जा सकता है

ए] रोलिंग लीवर वाल्व

बी] निष्क्रिय रोलर लीवर वाल्व

सी] दोनोंए] औरबी]

डी] उपरोक्त में से कोई नहीं

229) निम्नलिखित में से कौन सा कथन कैस्केड विधि के लिए सही है जिसका उपयोग वायवीय सर्किट बनाने के लिए किया जाता है?

ए] सिग्नल प्रोसेसिंग वाल्व समानांतर में जुड़े हुए हैं

बी] जब सिग्नल प्रोसेसिंग वाल्व की संख्या 4 से अधिक होती है, तो सिग्नल मजबूत होते हैं

सी] कैस्केडविधिलागतकारकपरविचारनहींकरतीहै

D। उपरोक्त सभी

230) 3/2 वाल्व के नीचे दिए गए आरेख में दिखाए गए भाग को क्या कहते हैं?

ए] मैन्युअल रूप से संचालित वाल्व

बी] पायलटसंचालितवाल्व

ग] दबाव विद्युत कनवर्टर

डी] उपरोक्त में से कोई नहीं

231) किस प्रणाली में, सर्वो वाल्व का स्पूल टॉर्क मोटर द्वारा संचालित होता है?

ए] हाइड्रोमैकेनिकल सर्वो सिस्टम

बी] इलेक्ट्रोहाइड्रोलिकसर्वोसिस्टम

सी] पारंपरिक सर्वो वाल्व

D। उपरोक्त सभी

232) सर्वो वाल्व सिस्टम में सर्वो का क्या अर्थ है?

ए] यह एक प्रतिक्रिया प्राप्त नहीं कर सकता है लेकिन वांछित आउटपुट प्राप्त किया जा सकता है

बी] यह एक प्रतिक्रिया प्राप्त नहीं कर सकता है और वांछित आउटपुट प्राप्त नहीं किया जा सकता है

ग] यहएकप्रतिक्रियाप्राप्तकरसकताहैऔरवांछितआउटपुटप्राप्तकियाजासकताहै

डी] उपरोक्त में से कोई नहीं

233) पारंपरिक वाल्व में, स्पूल को स्थानांतरित करने के लिए किस घटक का उपयोग किया जाता है?

ए] टोक़ मोटर

बी] यांत्रिक सर्वो वाल्व

सी] सोलनॉइड

D। उपरोक्त सभी

234) डीसी सोलनॉइड कॉइल का क्या फायदा है?

ए] डीसी सोलनॉइड कॉइल्स में करंट में उच्च भीड़ होती है

बी] डीसीसोलनॉइडकॉइलमेंकरंटकास्तरस्थिरहोताहै

सी] डीसी सोलनॉइड कॉइल्स की रेटिंग 220 वी डीसी है

D। उपरोक्त सभी

235) निम्नलिखित में से कौन सा कथन आनुपातिक वाल्व के लिए सही है?

ए] आनुपातिकवाल्वकास्पूलअधिकतमलंबाईकीयात्राकरसकताहै

बी] आनुपातिक वाल्व में डिजिटल प्रकार की कार्यप्रणाली संभव है

सी] आनुपातिक वाल्व को एक अलग प्रवाह नियंत्रण वाल्व की आवश्यकता होती है

D। उपरोक्त सभी

236) निम्नलिखित में से कौन सा/से कथन असत्य है/हैं?

ए] हवा गैर-संपीड़ित है

बी] पारंपरिक प्रणालियों की तुलना में द्रव विद्युत प्रणालियों में कम शक्ति विकसित होती है

ग] लोड हैंडलिंग उद्देश्यों के लिए उपयोग किए जाने वाले यांत्रिक लिंकेज में उच्च दक्षता होती है

डी] उपरोक्तसभी

237) हाइड्रोलिक प्रणाली है

ए] वायवीय प्रणाली से कम सटीक

बी] वायवीयप्रणालीसेअधिकसटीक

ग] दोनों हाइड्रोलिक और न्यूमेटिक सिस्टम परिशुद्धता के आधार पर समान हैं

डी] उपरोक्त में से कोई नहीं

238) हाइड्रोस्टेटिक सिस्टम में शक्ति संचारित करने के लिए किस ऊर्जा का उपयोग किया जाता है?

ए] दबावऊर्जा

बी] गतिज ऊर्जा

सी] संभावित ऊर्जा

D। उपरोक्त सभी

239) कौन सी प्रणाली शक्ति संचारित करने के लिए गतिज ऊर्जा का उपयोग करती है?

ए] हाइड्रोस्टेटिक सिस्टम

बी] <u>हाइड्रोडायनामिकसिस्टम</u>

सी] वायवीय प्रणाली

डी] उपरोक्त में से कोई नहीं

240) यदि पिस्टन रॉड से कोई भार नहीं जुड़ा है, तो पिस्टन असेंबली की गति संभव है जब

ए] तेल अपने स्वयं के वजन पर काबू पाता है

बी] तेल पिस्टन रॉड असेंबली में घर्षण पर काबू पाता है

सी] <u>दोनोंए] औरबी]</u>

डी] उपरोक्त में से कोई नहीं

241) हाइड्रोलिक सिस्टम में पिस्टन रॉड की उच्च गति प्राप्त करने में कौन सा कारक मदद करता है?

ए] घर्षण में कमी

बी] पंप क्षमता

ग] प्रवाह दर में वृद्धि

डी] <u>उपरोक्तसभी</u>

242) हाइड्रोलिक सिस्टम में किसी भी ऑपरेशन के दौरान, तेल किस रास्ते को पसंद करता है?

ए] <u>कमसेकमप्रतिरोध</u>

बी] अधिकतम प्रतिरोध

सी] दोनों ए] और बी]

डी] उपरोक्त में से कोई नहीं

243) हाइड्रोलिक सर्किट में एक पंप दो आउटलेट पथों के साथ प्रदान किया जाता है, एक जहां लोड जुड़ा होता है और दूसरा जलाशय से होता है] तेल पहले किस रास्ते का चयन करेगा?

ए] तेल उस पथ पर बहेगा जहां भार जुड़ा हुआ है

बी] <u>तेलपहलेजलाशयमेंवापसप्रवाहितहोगा</u>

c] दोनों रास्तों से एक साथ तेल बहेगा

डी] उपरोक्त में से कोई नहीं

244) हाइड्रोलिक पावर यूनिट में निम्नलिखित में से किसका उपयोग सहायक के रूप में किया जाता है?

ए] पंप

बी] वाल्व

सी] मोटर

डी] <u>जलाशय</u>

245) जमीन की सतह से इमारत के शीर्ष तक पानी उठाने के लिए किस प्रकार के पंप का उपयोग किया जाता है?

ए] केन्द्रापसारक पम्प

बी] टरबाइन पंप

सी] पनडुब्बी पंप

डी] <u>उपरोक्तसभी</u>

246) हाइड्रोलिक अनुप्रयोगों में उपयोग किए जाने वाले पंप हैं

ए] सकारात्मक विस्थापन पंप

बी] परिवर्तनीय विस्थापन पंप

सी] निश्चित विस्थापन पंप

डी] <u>उपरोक्तसभी</u>

247) एक सकारात्मक विस्थापन पंप क्या है?

ए] पंप के चूषण पक्ष से तेल पूरी तरह से वितरण पक्ष में बहता है

बी] डिस्चार्ज किए गए द्रव की मात्रा पंप के सक्शन साइड में वापस नहीं आ सकती है

ग] हर चक्र में द्रव की निश्चित मात्रा का निर्वहन करता है

डी] <u>उपरोक्तसभी</u>

248) एक सकारात्मक विस्थापन पंप का संचालन करते समय,

ए] शट-ऑफ वाल्व डिलीवरी साइड पर बंद होना चाहिए

बी] शट-ऑफ वाल्व को सक्शन साइड पर बंद किया जाना चाहिए

ग] <u>शट-ऑफवाल्वकोडिलीवरीसाइडपरखोलाजानाचाहिए</u>

डी] उपरोक्त में से कोई नहीं

249) रेडियल पिस्टन पंप के लिए इनपुट पावर पर कार्य दबाव का क्या प्रभाव पड़ता है?

ए] जैसे-जैसे काम का दबाव बढ़ता है इनपुट पावर कम होती जाती है

बी] <u>जैसे-जैसेकामकादबावबढ़ताहैइनपुटपावरबढ़तीहै</u>

ग] विभिन्न इनपुट शक्तियों के लिए दबाव स्थिर रहता है

डी] उपरोक्त में से कोई नहीं

250) रेडियल पिस्टन पंप हो सकते हैं,

ए] सिलेंडर ब्लॉक घूर्णन और कैम स्थिर

बी] सिलेंडर ब्लॉक स्थिर और कैम घूर्णन

सी] <u>दोनोंए] औरबी]</u>

डी] उपरोक्त में से कोई नहीं

251) हाइड्रोलिक सिलेंडरों को कुशन क्यों किया जाता है?

ए] कुशनिंग सिलेंडर के पिस्टन को कम कर देता है

बी] तनाव और कंपन को कम किया जा सकता है

सी] दोनोंए] औरबी]

डी] उपरोक्त में से कोई नहीं

252) निम्नलिखित में से कौन सा कथन सत्य है?

ए] टाई-रॉड सिलेंडर का उपयोग 70 बार के कामकाजी दबाव वाले अनुप्रयोगों में किया जाता है

बी] 70 बार से अधिक काम करने वाले दबाव वाले सिस्टम में वेल्डेड प्रकार के सिलेंडर का उपयोग किया जाता है

ग] टाई-रॉड सिलेंडरों का उपयोग उन प्रणालियों में किया जा सकता है जिनमें काम का दबाव 70 बार से अधिक होता है

डी] उपरोक्तसभी

253) हाइड्रोलिक सिलेंडर इनमें से कौन सी क्रिया करता है?

ए] धक्का

बी] उठाना

सी] दोनोंए] औरबी]

डी] उपरोक्त में से कोई नहीं

254) वेल्डेड प्रकार के हाइड्रोलिक सिलेंडर में रिसाव को किसके द्वारा रोका जाता है?

ए] ग्रंथि कवर में वाइपर

बी] अंत कवर में रॉड सील

ग] ग्रंथिकवरमेंरॉडसील

डी] उपरोक्त में से कोई नहीं

255) एकल अभिनय हाइड्रोलिक सिलेंडर में पिस्टन अपनी मूल स्थिति में वापस आ जाता है

ए] वसंत बल

बी] आत्म-वजन

ग) चक्का की गति

डी] उपरोक्तसभी

256) चेक वाल्व एक प्रकार का होता है

ए] दबाव कम करने वाला वाल्व

बी] दबाव राहत वाल्व

ग] दिशात्मकनियंत्रणवाल्व

डी] उपरोक्त में से कोई नहीं

257) एक दबाव राहत वाल्व हो सकता है

ए] प्रत्यक्ष संचालित
बी] पायलट संचालित
सी] सोलनॉइड संचालित
डी] उपरोक्तसभी
258) पायलट संचालित चेक वाल्व में रिवर्स फ्लो कैसे संभव है?
a] स्प्रिंग बल गेंद को ऊपर उठाता है जिसके कारण रिवर्स फ्लो संभव है
b] द्रवकादबावगेंदकोऊपरउठाताहैजिसकेकारणरिवर्सफ्लोसंभवहै
सी] दोनों ए] और बी]
डी] उपरोक्त में से कोई नहीं
259) दबाव राहत वाल्व और दबाव कम करने वाले वाल्व में क्या अंतर है?
ए] दबाव कम करने वाला वाल्व पंप और टैंक लाइन के बीच जुड़ा हुआ है जबकि दबाव राहत वाल्व डीसीवी और शाखा सर्किट के बीच जुड़ा हुआ है
बी] दबाव राहत वाल्व हमेशा सामान्य रूप से खोला जाता है
सी] दबावकमकरनेवालावाल्वडीसीवीऔरशाखासर्किटकेबीचजुड़ाहुआ हैजबकिदबावराहतवाल्वपंपऔरटैंककेबीचजुड़ाहुआहै
डी] उपरोक्त में से कोई नहीं
260) गैस आवेशित संचायक में प्रयुक्त संचायक है
ए] हाइड्रोलिक
बी] वायवीय
ग] जलवायवीय
डी] उपरोक्त में से कोई नहीं
261) दबाव स्विच का कार्य क्या है?
ए] मोटर शुरू करने के लिए दबाव स्विच का उपयोग किया जाता है
बी] मोटर को रोकने के लिए दबाव स्विच का उपयोग किया जाता है
ग] दबाव स्विच का उपयोग सोलेनोइड को डी-एनर्जेट करने के लिए किया जाता है
डी] उपरोक्तसभी
262) न्यूमेटिक सिस्टम में इस्तेमाल होने वाले इंटेन्सिफायर में आउटपुट प्रेशर होता है
ए] इनपुट दबाव से कम
बी] इनपुटदबावसेअधिक
सी] इनपुट दबाव के समान
डी] उपरोक्त में से कोई नहीं
263) राहत वाल्व को उतारने का कार्य क्या है और क्या इसे संचायक के लिए एक सहायक के रूप में इस्तेमाल किया जा सकता है?
ए] अनलोडिंगरिलीफवाल्वकाउपयोगपंपद्वारासंचायककोचार्जकरनेके

लिएकियाजाताहैजबसंचायककादबावनिर्धारितमूल्यसेकमहोजाता हैऔरइसेएकसहायककेरूपमेंइस्तेमालकियाजासकताहै]

बी] अनलोडिंग रिलीफ वाल्व का उपयोग पंप द्वारा संचायक को चार्ज करने के लिए किया जाता है जब संचायक का दबाव निर्धारित मूल्य से कम हो जाता है लेकिन इसका उपयोग सहायक के रूप में नहीं किया जाता है

सी] अनलोडिंग रिलीफ वाल्व का उपयोग पंप द्वारा संचायक को चार्ज करने के लिए किया जाता है, जब संचायक का दबाव निर्धारित मूल्य से अधिक हो जाता है, लेकिन एक सहायक के रूप में उपयोग नहीं किया जाता है

डी] अनलोडिंग रिलीफ वाल्व का उपयोग पंप द्वारा संचायक को चार्ज करने के लिए किया जाता है जब संचायक का दबाव निर्धारित मूल्य से अधिक हो जाता है और एक सहायक के रूप में उपयोग किया जाता है

264) सिलेंडर का बोर क्षेत्र 300 सेमी 2 और वेग 180 सेमी/मिनट है] एक पंप की प्रवाह दर की गणना करें

ए] 55 एल/मिनट

बी] 50 एल/मिनट

ग] 54 लीटर/मिनट

डी] उपरोक्त में से कोई नहीं

265) निम्नलिखित में से कौन सा कथन सत्य है, सर्किट में उपयोग किए जाने वाले दो पंपों के लिए जब शुरू में एक नौकरी तक पहुंचने के लिए तेजी से संचालन किया जाता है और धीमी गति से फीडिंग ऑपरेशन किया जाता है?

ए] शुरूमेंनौकरीतकपहुंचनेकेलिए, एकउपकरणकोउच्चनिर्वहनऔरकमदबावकेपंपसेजोड़ाजानाचाहिए

बी] शुरू में नौकरी तक पहुंचने के लिए, एक उपकरण को कम निर्वहन और उच्च दबाव के पंप से जोड़ा जाना चाहिए

ग] फीडिंग ऑपरेशन के लिए लो डिस्चार्ज लो प्रेशर पंप की आवश्यकता होती है

डी] उपरोक्त में से कोई नहीं

266) पीएलसी द्वारा किए जाने वाले विभिन्न ऑपरेशन क्या हैं?

ए] बूलियन तर्क

बी] समय

ग] अंकगणित

डी] उपरोक्तसभी

267) निम्नलिखित में से कौन सा पंप अधिक बिजली बचाता है?

ए] सिंगल पंप

बी] डबलपंप

सी] सिंगल और डबल पंप समान मात्रा में बिजली का उपयोग करते हैं

डी] उपरोक्त में से कोई नहीं

268) पीएलसी का क्या फायदा है?

ए] त्रुटियों को खोजने में आसान

बी] प्रतिस्थापन आसानी से किया जा सकता है

सी] पीएलसीआसानीसेप्रोग्रामकियाजाताहै

D। उपरोक्त सभी

269) वायु के एकांक आयतन में जलवाष्प का द्रव्यमान कहलाता है

ए] सापेक्ष आर्द्रता

बी] पूर्णआर्द्रता

सी] संतृप्ति मात्रा

डी] उपरोक्त में से कोई नहीं

270) किस वाल्व को मेमोरी वाल्व के रूप में भी जाना जाता है?

ए] सिंगल पायलट सिग्नल वाल्व

बी] डबलपायलटसिग्नलवाल्व

ग] रोलर लीवर वाल्व

डी] तर्क वाल्व

271) सिग्नल एयर और कंट्रोल एयर में क्या अंतर है?

ए] सिग्नलएयरअंतिमनियंत्रणवाल्वकोसक्रियकरताहैऔरपिस्टन रॉडकेआगेऔरपीछेकीगतिकेलिएअंतिमनियंत्रणवाल्वकेमाध्यमसे सिलेंडरमेंवायुप्रवाहकोनियंत्रितकरताहै

बी] नियंत्रण वायु अंतिम नियंत्रण वाल्व को सक्रिय करता है और पिस्टन रॉड के आगे और पीछे की गति के लिए अंतिम नियंत्रण वाल्व के माध्यम से सिलेंडर में हवा का प्रवाह होता है

सी] दोनों ए] और बी]

डी] उपरोक्त में से कोई नहीं

272) पिस्टन रॉड की प्रारंभिक और अंतिम स्थिति को समझने के लिए निम्नलिखित में से किसका उपयोग किया जाता है?

ए] लीवर संचालित दिशा नियंत्रण वाल्व

बी] सीमा स्विच

ग] रोलर लीवर वाल्व

डी] उपरोक्तसभी

273) कौन सा वाल्व केवल एक दिशा में सक्रिय होता है जो पिस्टन रॉड के आगे या पीछे की गति है?

ए] रोलर लीवर वाल्व

बी] निष्क्रियरोलरलीवरवाल्व

सी] दोनों ए] और बी]

डी] उपरोक्त में से कोई नहीं

274) पिस्टन रॉड के पीछे हटने को दर्शाने के लिए किन नंबरों का उपयोग किया जाता है?

ए] सम संख्याएं

बी] विषमसंख्या

c] सम और विषम दोनों संख्याएं

डी] उपरोक्त में से कोई नहीं

275) निम्नलिखित में से कौन समय विलंब वाल्व का एक तत्व है?

ए] प्रवाह नियंत्रण वाल्व

बी] दिशा नियंत्रण वाल्व

c] दोनों a] और b] d] उपरोक्तमेंसेकोईनहीं

डी] उपरोक्त में से कोई नहीं

276) हाइड्रोलिक सिलेंडर में निम्नलिखित में से कौन सा कुशनिंग का एक प्रकार है?

ए] ट्रूनियन कुशनिंग

बी] समायोज्यकुशनिंग

ग] कुंडा कुशनिंग

डी] उपरोक्त में से कोई नहीं

277) प्रॉक्सिमिटी स्विच को लिमिट स्विच से कैसे अलग किया जाता है?

ए] निकटता स्विच सक्रिय होता है जब चलती भागों के साथ शारीरिक संपर्क होता है

बी] गैर-चलती भागों में भौतिक संपर्क होने पर निकटता स्विच सक्रिय होता है

ग] प्रॉक्सिमिटीस्विचतबसक्रियहोताहैजबमूविंगपार्ट्सइसकेकरीबहोतेहैं

डी] उपरोक्त में से कोई नहीं

278) निम्नलिखित में से कौन सा कथन सत्य है?

ए] विद्युत चुम्बकीय रिले में अधिक लागत पर उच्च विश्वसनीयता है

बी] इलेक्ट्रोमैग्नेटिकरिलेहाईवोल्टेजऔरकरंटसर्किटमेंओपनया क्लोजकॉन्टैक्टरखनेकेलिएलोकरंटऔरवोल्टेजकाइस्तेमालकरतेहैं

ग] वायु दाब दाब में प्रवाहित होता है विद्युत कनवर्टर एक संपर्क खोलता है जो विद्युत संपर्क के प्रवाह के लिए एक सर्किट को सक्रिय करता है

D। उपरोक्त सभी

279) ओपन या क्लोज कॉन्टैक्ट बनाने के लिए किस सर्किट में लो वोल्टेज और लो करंट के रिले का इस्तेमाल किया जाता है?

ए] उच्चवोल्टेजऔरउच्चवर्तमानसर्किट
बी] कम वोल्टेज और कम वर्तमान सर्किट
सी] उच्च वोल्टेज और कम वर्तमान सर्किट
डी] कम वोल्टेज और कम वर्तमान सर्किट
280) विद्युत-वायवीय परिपथों में,
ए] स्पूल सिग्नल एयर द्वारा स्थानांतरित किया जाता है
बी] स्पूल को नियंत्रण वायु द्वारा स्थानांतरित किया जाता है
c] स्पूलइलेक्ट्रोमोटिवबलद्वारास्थानांतरितकियाजाताहै
D। उपरोक्त सभी
281) इलेक्ट्रोमैकेनिकल रिले सॉलिड स्टेट रिले की तुलना में अधिक लोकप्रिय क्यों हैं?
ए] वे विश्वसनीय हैं
बी] कम खर्चीला
सी] दोनोंए] औरबी]
डी] उपरोक्त में से कोई नहीं
282) लोड कम होने पर किस कंट्रोल वाल्व में ऊर्जा की खपत कम हो जाती है?
ए] पारंपरिक दिशा नियंत्रण वाल्व
बी] आनुपातिकदिशानियंत्रणवाल्व
सी] दोनों ए] और बी]
डी] उपरोक्त में से कोई नहीं
283) निम्नलिखित में से कौन सर्वो वाल्व की विशेषता है?
ए] ओपन लूप सिस्टम
बी] बंदलूपसिस्टम
ग] कम संदूषण
D। उपरोक्त सभी
284) पीएलसी क्या है?
ए] प्रक्रिया तर्क नियंत्रण
बी] प्रोग्राम करने योग्य भाषा कनवर्टर
सी] प्रोग्रामकरनेयोग्यतर्कनियंत्रण
डी] प्रोग्राम करने योग्य तर्क कनवर्टर
285) एसी सोलनॉइड कॉइल के जलने का क्या कारण है?
ए] वर्तमान धारण
b] रशकरंटमें
सी] वर्तमान क्लैंप
D। उपरोक्त सभी

286) जब बिजली के कनेक्शन के बजाय पीएलसी कनेक्शन का उपयोग किया जाता है, तो किए जाने वाले संचालन के क्रम को आपस में बदला जा सकता है

ए] हार्डवेयर्ड कनेक्शन बदलना

b] कार्यक्रमकाक्रमबदलना

सी] दोनों ए] और बी]

डी] उपरोक्त में से कोई नहीं

287) हाइड्रोलिक सिस्टम में उत्पन्न ऊष्मा को किसके द्वारा अवशोषित किया जा सकता है?

ए] स्नेहन

बी] कूलिंग

सी] सीलिंग

D। उपरोक्त सभी

288) निम्नलिखित में से किस उद्देश्य के लिए हाइड्रोलिक फिल्म मशीनी गुहा और स्पूल के बीच एक सील के रूप में कार्य करती है?

ए] रिसावकोकमकरनेकेलिए

बी] शीतलन उद्देश्यों के लिए

ग] स्नेहन प्रयोजनों के लिए

D। उपरोक्त सभी

289) एक पात्र में द्रव पर लगाया जाने वाला दाब सभी दिशाओं में समान रूप से वितरित होता है और किसके साथ कार्य करता है?

a] समान क्षेत्रफल पर समान्तर समान बल

b] विभिन्न क्षेत्रों और समकोणों पर समान बल

c] समानक्षेत्रफलोंऔरसमकोणोंपरसमानबल

डी] उपरोक्त में से कोई नहीं

290) कौन सा कानून दबाव में हाइड्रोलिक तरल पदार्थ के व्यवहार की व्याख्या करता है?

a] चार्ल्स का नियम

b] न्यूटन का नियम

c] पास्कलकानियम

डी] उपरोक्त में से कोई नहीं

291) एक पाइप में तेल का प्रवाह किसके कारण होता है?

ए] संतुलित बल

बी] असंतुलितबल

c] संतुलित और असंतुलित दोनों बल

डी] उपरोक्त में से कोई नहीं

292) पाइपों में दबाव गिरना, किसके कारण होता है?

ए] घर्षणप्रतिरोध

बी] लोड

सी] प्रवाह पैटर्न

डी] उपरोक्त में से कोई नहीं

293) एक सीधे पाइप में लामिना के प्रवाह की विशेषता कैसे होती है?

ए] उच्च कतरनी तनाव का प्रवाह

बी] उच्च वेग का प्रवाह

ग] कमवेगकाप्रवाह

डी] उपरोक्त में से कोई नहीं

294) हाइड्रोलिक सिस्टम में उपयोग किए जाने वाले सकारात्मक विस्थापन पंप में होता है

ए] तरलपदार्थोंकीउच्चचिपचिपाहट

बी] कम दक्षता

ग) द्रव की आवश्यक मात्रा का निर्वहन नहीं किया जा सकता है

D। उपरोक्त सभी

295) इलेक्ट्रिक मोटर की गति 1200 आरपीएम है और पंप की आउटपुट दर 6 सीसी/रेव है] एल/मिनट में पंप की प्रवाह दर की गणना करें

ए] 6 एल/मिनट

ख] 7]2 लीटर/मिनट

ग] 5 लीटर/मिनट

डी] उपरोक्त में से कोई नहीं

296) पंप द्वारा अवशोषित शक्ति की गणना करें, यदि इसकी प्रवाह
दर 20 सीसी/रेव है और 70 बार का अधिकतम दबाव विकसित करता है,
जब इलेक्ट्रिक मोटर 1200 आरपीएम की गति से चलती है]

ए] 1]9 किलोवाट

बी] 2]8 किलोवाट

ग] 2]3 किलोवाट

डी] उपरोक्त में से कोई नहीं

297) वॉल्यूमेट्रिक दक्षता का अनुपात है

a] सैद्धांतिक प्रवाह दर से वास्तविक प्रवाह दर

बी] सैद्धांतिकप्रवाहदरकेलिएवास्तविकप्रवाहदर

सी] इनपुट पावर पंप करने के लिए वास्तविक द्रव शक्ति

डी] उपरोक्त में से कोई नहीं

298) निम्नलिखित में से कौन एक हाइड्रोडायनामिक पंप है?

ए] वैन पंप

बी] केन्द्रापसारकपम्प

सी] गियर पंप

डी] पिस्टन पंप

299) हाइड्रोलिक सिलेंडर को कुशन करने पर पिस्टन रॉड की गति में कमी का क्या कारण है?

ए] छोटी जगह के माध्यम से तेल प्रवाह

बी] सिस्टम में बनाया गया बैक प्रेशर

सी] दोनोंए] औरबी

डी] उपरोक्त में से कोई नहीं

300) निम्नलिखित में से कौन आवेदन पर आधारित हाइड्रोलिक सिलेंडर है?

ए] वेल्डेड

बी] बोल्ट

सी] राम

D| उपरोक्त सभी

301) क्या होता है जब एकल अभिनय सिलेंडर को तेल की आपूर्ति बंद कर दी जाती है?

ए] सिस्टम पर कोई दबाव नहीं डाला जाता है

बी] पिस्टन पर अधिक दबाव डाला जाता है

ग] पिस्टनपरकमदबावडालाजाताहै

डी] उपरोक्त में से कोई नहीं

302) स्प्रिंग टाइप सिंगल एक्टिंग सिलेंडर में स्प्रिंग का विस्तार और सिलेंडर का प्रत्यावर्तन कब होता है?

ए] तेलकादबाववसंतसंपीड़नदबावसेकमहै

बी] तेल का दबाव वसंत संपीड़न दबाव से अधिक है

ग] तेल का दबाव डाला जाता है और वसंत संपीड़न दबाव समान होता है

डी] उपरोक्त में से कोई नहीं

303) टेलिस्कोपिक सिलेंडर में, जैसे-जैसे चरणों की संख्या बढ़ती है

a] पिस्टन रॉड का व्यास भी बढ़ता है

b] पिस्टनरॉडकाव्यासघटताहै

c] पिस्टन रॉड का व्यास समान रहता है

डी] उपरोक्त में से कोई नहीं

304) ब्लीड ऑफ सर्किट का उपयोग क्यों किया जाता है?

ए] हाइड्रोलिक सिलेंडर में द्रव के प्रवाह को प्रतिबंधित करने के लिए ब्लीड ऑफ सर्किट का उपयोग किया जाता है

बी] हाइड्रोलिक सिलेंडर से तरल पदार्थ के प्रवाह को प्रतिबंधित करने के लिए ब्लीड ऑफ सर्किट का उपयोग किया जाता है

ग] एक्चुएटरकीगतिकोकमकरनेकेलिएब्लीडऑफसर्किटकाउपयोगकियाजाताहै

D। उपरोक्त सभी

305) ब्लीड ऑफ सर्किट के लिए निम्न में से क्या लागू होता है?

ए] ब्लीड ऑफ सर्किट सिस्टम में गर्मी विकसित करते हैं

बी] ब्लीडऑफसर्किटकाउपयोगप्रतिरोधकभारकेलिएकियाजाताहै

ग] ब्लीड ऑफ सर्किट का उपयोग भगोड़ा भार के लिए किया जाता है

D। उपरोक्त सभी

306) हाइड्रोलिक सर्किट में प्रयुक्त अनुक्रम वाल्व का कार्य क्या है?

ए] अनुक्रमवाल्वकाउपयोगसेटदबावतकपहुंचनेकेबादएककेबादएककई ऑपरेशनकरनेकेलिएकियाजाताहै

बी] अनुक्रम वाल्व का उपयोग सेट दबाव तक पहुंचने से पहले लगातार कई संचालन करने के लिए किया जाता है

सी] अनुक्रम वाल्व सेट दबाव तेल तक पहुंचने के बाद टैंक में प्रवाहित किया जाता है

D। उपरोक्त सभी

307) दाब कम करने वाले वाल्व का उपयोग कब किया जाता है?

a] इसका उपयोग तब किया जाता है जब सिस्टम के दबाव से अधिक दबाव की आवश्यकता होती है

बी] इसकाउपयोगतबकियाजाताहैजबसिस्टमकेदबावसेकमदबावकीआवश्यकताहोतीहै

ग] जब बिल्कुल शून्य दबाव की आवश्यकता होती है

D। उपरोक्त सभी

308) परिनालिका में प्रबल चुंबकीय क्षेत्र कैसे प्राप्त किया जाता है?

ए] एक सोलनॉइड में मजबूत चुंबकीय क्षेत्र प्राप्त होता है, अगर कुंडल कंडक्टर के रूप में कार्य करता है

बी] कुंडल लोहे के फ्रेम से घिरा हुआ है

c] लोहे की कोर को कुंडल के केंद्र में रखा गया है

डी] उपरोक्तसभी

309) न्यूमेटिक सिस्टम में सोलनॉइड की डीसी रेंज क्या है?

ए] 12 वीऔर 24 वी

बी] 110 वी और 220 वी

सी] दोनों ए] और बी]

डी] उपरोक्त में से कोई नहीं

310) लैडर डायग्राम पर आउटपुट डिवाइस का उपयोग निम्न में से किसमें किया जाता है?

ए] निकटता सेंसर

बी] डिटेंट स्विच

सी] रिले

D। उपरोक्त सभी

311) सीढ़ी आरेख पर आउटपुट डिवाइस द्वारा दर्शाया गया है

एक वर्ग

बी] सर्कल

ग] आयत

डी] अर्धवृत्त

312) निमोनिक्स निर्देशों में, I LDI में क्या दर्शाता है?

a] स्विच सामान्य रूप से खुला रहता है

बी] स्विचसामान्यरूपसेबंदहै

ग] यह दूसरे स्विच के संचालन को इंगित करता है

डी] उपरोक्त में से कोई नहीं

313) औद्योगिक अनुप्रयोगों में हाइड्रोलिक तरल पदार्थ में चिपचिपापन ग्रेड होता है:

ए] 20 से 50

बी] 70 से 95

ग] 46 से 68

घ] 15 से 44

314) उच्च चिपचिपापन तरल पदार्थ है

ए] कम दबाव ड्रॉप

बी] कम बिजली की खपत

ग] धीमीगतिसेसंचालन

D। उपरोक्त सभी

315) चिपचिपापन सूचकांक क्या है?

ए] चिपचिपाहट में परिवर्तन पर दबाव का प्रभाव

बी] चिपचिपाहटमेंपरिवर्तनपरतापमानकाप्रभाव

ग] दो सतहों के बीच प्रतिरोध का प्रभाव

डी] उपरोक्त में से कोई नहीं

316) पानी में मिलाने पर कौन सा गुण द्रव के व्यवहार को तय करता है?

ए] बिंदु डालना

बी] विमुद्रीकरण

ग] चिपचिपापन

डी] ऑक्सीकरण

317) हाइड्रोलिक सिस्टम में किसी भी ऑपरेशन के लिए द्रव में डालना बिंदु होना चाहिए

a] 20 0F न्यूनतम तापमान से नीचे

बी] 20 0F न्यूनतमतापमानसेऊपर

ग] 20 0C न्यूनतम तापमान से नीचे

d] 20 0C न्यूनतम तापमान से ऊपर

318) पेट्रोलियम आधारित तरल पदार्थों के क्या नुकसान हैं?

ए] कमफ्लैशप्वाइंट

बी] कम घनत्व

सी] हल्के वजन

D| उपरोक्त सभी

319) तेल की मात्रा की तुलना में उच्च जल द्रव (एचएफए) में पानी की मात्रा कैसी है?

a) पानीसेअधिकतेल

b) तेल और पानी समान अनुपात में हैं

ग) तेल से अधिक पानी

d] केवल पानी होता है

320) हाइड्रोलिक सिस्टम में इस्तेमाल होने वाले तरल पदार्थ में होना चाहिए

ए] कम ऑक्सीकरण प्रतिरोध

बी] उच्च ऑक्सीकरण प्रतिरोध

सी] उच्चऑक्सीकरणबढ़ानेकीक्षमता

डी] उपरोक्त में से कोई नहीं

321) हाइड्रोलिक सिस्टम में प्रयुक्त पेट्रोलियम तेल किस दबाव में 1/2% तक संकुचित हो जाता है?

ए] 70 बार

बी] 40 बार

ग] 30 बार

डी] 95 बार

322) पानी के ग्लाइकोल के लिए तापमान और विशिष्ट वजन के बीच क्या संबंध है?

a] जैसे-जैसेतापमानबढ़ताहै, विशिष्टभारघटताजाताहै

बी] जैसे-जैसे तापमान बढ़ता है विशिष्ट वजन बढ़ता है

सी] तापमान और विशिष्ट वजन रैखिक रूप से भिन्न होते हैं

डी] उपरोक्त में से कोई नहीं

323) हाइड्रोलिक तेल के लिए तापमान और चिपचिपाहट के बीच क्या संबंध है?
ए] तापमानऔरचिपचिपाहटरैखिकरूपसेभिन्नहोतीहै
b] जैसे-जैसे तापमान घटता है, वायुमंडलीय दबाव पर चिपचिपाहट कम होती जाती है
c] जैसे-जैसे तापमान बढ़ता है, वायुमंडलीय दबाव पर चिपचिपाहट कम होती जाती है
डी] उपरोक्त में से कोई नहीं
324) उच्च जल तरल पदार्थ होते हैं
ए] पानीमेंतेल
बी] तेल में पानी
सी] केवल पानी
डी] उपरोक्त में से कोई नहीं
325) उच्च जल द्रव की श्यानता है
ए] पानीसेबड़ा
बी] पानी से कम
सी] पास का पानी
डी] उपरोक्त में से कोई नहीं
326) पानी में एक योजक जोड़ने से ग्लाइकोल तरल पदार्थ में सुधार होता है
ए] ज्वलनशीलता
बी] चिपचिपापन
सी] ऑक्सीकरण
D। उपरोक्त सभी
327) अशांत प्रवाह की विशेषता क्या है?
ए] उच्च वेग
b) कणोंकेप्रवाहऔरगतिकीदिशासमानहोतीहै
सी] क्रॉस सेक्शन में परिवर्तन प्रवाह को प्रभावित नहीं करता है
D। उपरोक्त सभी
328) पाइप के क्रॉस सेक्शन को बदलने पर कौन सा प्रवाह पैटर्न प्रभावित होता है?
ए] लामिनाकाप्रवाह
बी] अशांत प्रवाह
ग] लामिना और अशांत
डी] उपरोक्त में से कोई नहीं
329) एक्चुएटर की गति किसके द्वारा प्रभावित होती है?
ए] छिद्र का क्रॉस-सेक्शन क्षेत्र
बी] प्रवाह का वेग
सी] पाइपव्यास

D। उपरोक्त सभी

330) इनमें से किस अनुप्रयोग में बर्नौली के सिद्धांत का व्यापक रूप से उपयोग किया जाता है?

ए] ब्लोअर का डिजाइन

बी] विमानकेपंखोंकाडिजाइन

ग] प्रोपेलर का डिजाइन

D। उपरोक्त सभी

331) एक प्रणाली में हाइड्रोलिक तेल द्वारा विकसित कुल ऊर्जा इस प्रकार दी गई है:

a] कुल ऊर्जा = (संभावित ऊर्जा + दबाव ऊर्जा)

b] कुल ऊर्जा = (स्थितिज ऊर्जा + गतिज ऊर्जा)

c] कुल ऊर्जा = (संभावित ऊर्जा - गतिज ऊर्जा)

डी] उपरोक्तमेंसेकोईनहीं

332) यदि कोई पंप वाल्व को उच्च प्रवाह दर देता है, तो वाल्व में दबाव गिर जाता है

ए] बढ़ता है

बी] घटताहै

सी] वही रहता है

डी] उपरोक्त में से कोई नहीं

333) रेनॉल्ड्स संख्या (?vd) / μ में, अक्षर μ दर्शाता है

ए] गतिज चिपचिपाहट

बी] पूर्णचिपचिपाहट

ग] घर्षण का गुणांक

डी] उपरोक्त में से कोई नहीं

334) जड़त्व बल और श्यानता के अनुपात को के रूप में जाना जाता है

ए] बायो नंबर

बी] रेनॉल्डनंबर

ग] कौची संख्या

डी] यूलर संख्या

335) लामिना प्रवाह के लिए रेनॉल्ड्स संख्या है

ए] 2800 . से अधिक

बी] 2000 सेअधिक

सी] 2000 . से कम

घ] 2000 और 2800 के बीच]

336) एक पाइप का व्यास 0] 2 मीटर है जिसमें एक द्रव 0 के वेग से बहता है] 3 एम 3/ सेकेंड] निर्धारित करें कि प्रवाह लामिना है या रेनॉल्ड्स संख्या की गणना अशांत है] गतिज

चिपचिपाहट = 0] 5 × 10 -4 एम 2 / एस]

ए] रेनॉल्ड्स संख्या 1200 . वाला प्रवाह लामिना है

बी] रेनॉल्ड्स संख्या 2100 . के साथ प्रवाह अशांत है

सी] रेनॉल्ड्ससंख्या 2200 . वालाप्रवाहलामिनाहै

d] प्रवाह न तो लामिना है और न ही अशांत

337) आंतरिक गियर पंप का क्या लाभ है?

ए] मध्यमगति

बी] मध्यम दबाव

सी] उच्च चिपचिपापन तरल पदार्थ इस्तेमाल किया जा सकता है

D] उपरोक्त सभी

338) किस आंतरिक तत्व के घूमने से द्रव अपकेंद्री पम्पों में पंप हो जाता है?

ए] आंतरिक गियर

बी] प्ररित करनेवाला का रोटेशन

सी] सिलेंडररोटर

डी] उपरोक्त में से कोई नहीं

339) किस बल के कारण वेन्स रोटर स्लॉट्स से बाहर निकलते हैं?

ए] अभिकेन्द्र बल

बी] केन्द्रापसारकबल

ग] घर्षण बल

डी] उपरोक्त में से कोई नहीं

340) निम्नलिखित में से कौन सा कथन सत्य है?

ए] रोटर के साथ स्टेटर के संयोजन को कार्ट्रिज यूनिट के रूप में जाना जाता है

बी] वेन्सकेसाथस्टेटरकेसंयोजनकोकार्ट्रिजयूनिटकेरूपमेंजानाजाताहै

ग] रोटर और वैन के संयोजन को कार्ट्रिज इकाई के रूप में जाना जाता है

डी] उपरोक्त में से कोई नहीं

341) लचीले फलक पंप का क्या लाभ है?

ए] वे बड़े आकार के ठोस पदार्थों को संभाल सकते हैं

बी] वे अच्छा वैक्यूम बना सकते हैं

सी] दोनोंए] औरबी]

डी] उपरोक्त में से कोई नहीं

342) कार्ट्रिज किट विभिन्न आकारों के पंपिंग कक्ष उत्पन्न करते हैं, जो

ए] प्रवाह दर में वृद्धि

बी] प्रवाहदरमेंकमी

ग] प्रवाह दर में वृद्धि और कमी

डी] उपरोक्त में से कोई नहीं

343) वेन पंपों के लिए निम्नलिखित में से कौन सा कथन असत्य है?

a] वेन टिप्स और कैम रिंग के बीच निरंतर संपर्क के कारण संपर्क सतहों में घिसाव होता है

बी] कारतूस किट के विभिन्न आकारों को एक ही वैन पंप में बदला जा सकता है

ग] असंतुलितबलोंकोकमकरनेकेलिएअण्डाकारकैमरिंगकोगोलकैमरिंगसेबदलदियाजाताहै

डी] उपरोक्त में से कोई नहीं

344) बैलेंस्ड वेन पंपों को के लिए डिज़ाइन किया गया है

ए] निश्चित विस्थापन

बी] परिवर्तनीय विस्थापन

ग] स्थिरऔरपरिवर्तनशीलदोनोंविस्थापन

डी] उपरोक्त में से कोई नहीं

345) असंतुलित फलक पंप का कैम रिंग है

ए] राउंड

बी] अण्डाकार

सी] दोनों ए] और बी]

डी] उपरोक्त में से कोई नहीं

346) गियर पंपों में किस प्रकार का विस्थापन देखा जाता है?

ए] केवल परिवर्तनीय विस्थापन

बी] केवल निश्चित विस्थापन

ग] स्थिरऔरपरिवर्तनशीलदोनोंविस्थापन

डी] उपरोक्त में से कोई नहीं

347) गियर पंपों में प्रयुक्त होने वाले ऑपरेशन का सिद्धांत क्या है?

a] दो गियर एक ही दिशा में घूमते हैं

बी] दोगियरविपरीतदिशामेंघूमतेहैं

सी] दोनों ए] और बी]

डी] उपरोक्त में से कोई नहीं

348) गियर पंप में द्रव के चूषण का क्या कारण है?

ए] जब चूषण की तरफ दांतों को हटाने के दौरान दबाव कम हो जाता है

बी] जबचूषणकीतरफदांतोंकोहटानेकेदौरानदबावबढ़जाताहै

ग] जब चूषण की तरफ दांतों के जुड़ाव के दौरान दबाव कम हो जाता है

घ] जब चूषण की तरफ दांतों को जोड़ने के दौरान दबाव बढ़ जाता है

349) गियर पंप में तरल पदार्थ का निर्बाध और निरंतर निर्वहन कैसे होता है?

ए] दांतोंकीबढ़तीसंख्या

बी] दांतों की घटती संख्या

ग] उपरोक्त में से कोई नहीं

डी] उपरोक्त सभी

350) आंतरिक गियर पंप में गियर का रोटेशन होता है

ए] एक ही दिशा

बी] अलग दिशा

ग] उपरोक्तमेंसेकोईनहीं

डी] उपरोक्त सभी

351) आंतरिक गियर पंप में द्रव कैसे बहता है?

ए] द्रवरोटरकेबीचचूषणपक्षमेंप्रवेशकरताहै, जोएकबड़ाबाहरीगियरहैऔरआइडलरजोएकछोटाआंतरिकगियरहै

बी] द्रव रोटर के बीच चूषण पक्ष में प्रवेश करता है, जो एक छोटा बाहरी गियर है और आइडलर जो एक बड़ा आंतरिक गियर है

ग] द्रव रोटर और आइडलर के बीच चूषण पक्ष में प्रवेश करता है जो अलग-अलग दिशाओं में घूमता है

डी] उपरोक्त में से कोई नहीं

352) आंतरिक गियर पंप में आंतरिक रिसाव का क्या कारण है?

a] मेशिंगसतहोंकेबीचकमसहनशीलताकास्तर

बी] मेशिंग सतहों के बीच अधिक सहिष्णुता स्तर

ग] मेशिंग सतहों के बीच कोई सहिष्णुता नहीं

डी] उपरोक्त में से कोई नहीं

353) एक गियर पंप के लिए दबाव और समग्र दक्षता के बीच क्या संबंध है?

ए] जैसे-जैसे दबाव बढ़ता है, समग्र दक्षता घट जाती है

बी] जैसे-जैसेदबावबढ़ताहै, समग्रदक्षताबढ़तीहै

ग] दबाव में परिवर्तन से समग्र दक्षता प्रभावित नहीं होती है

डी] नहीं कह सकता

354) मानक हाइड्रोलिक सिलेंडर और टेलीस्कोपिक सिलेंडर के लिए निम्नलिखित में से कौन सा कथन सही है?

ए] दूरबीनऔरमानकसिलेंडरसमानस्ट्रोकलंबाईदेतेहैं

बी] टेलीस्कोपिक सिलेंडर मानक सिलेंडर की तुलना में कम स्ट्रोक लंबाई देते हैं

ग] टेलीस्कोपिक सिलेंडर मानक सिलेंडर की तुलना में अधिक स्ट्रोक लंबाई देते हैं

डी] उपरोक्त में से कोई नहीं

355) टेलीस्कोपिक सिलिंडर में होता है

a] केवल दो चरण इकाइयाँ

बी] केवल तीन चरण इकाइयाँ

ग] दोयातीनचरणइकाइयाँ

डी] मल्टीस्टेज इकाइयां

356) किस प्रकार के हाइड्रोलिक सिलेंडर में एक पिस्टन पिस्टन रॉड से जुड़ा होता है जो सिलेंडर के दोनों तरफ फैला होता है?

ए] दूरबीन सिलेंडर

बी] अग्रानुक्रम सिलेंडर

सी] दोनों ए] और बी]

डी] उपरोक्तमेंसेकोईनहीं

357) हाइड्रोलिक सिलेंडर के काम करने का दबाव कौन सा कारक तय करता है?

ए] गोलाकार निकला हुआ किनारा का व्यास

बी] सिलेंडरकाबोरव्यास

ग] स्ट्रोक की लंबाई

D। उपरोक्त सभी

358) हाइड्रोलिक सिलेंडर में पिस्टन रॉड के व्यास का चयन करते समय किस कारक पर विचार किया जाता है?

ए] बोर व्यास

बी] स्ट्रोककीलंबाई

सी] लोड

D। उपरोक्त सभी

359) हाइड्रोलिक सिलेंडर के किस सिरे पर नर क्लेविस लगा होता है?

ए] कैप एंड

बी] रॉड एंड

सी] दोनों ए] और बी]

डी] उपरोक्तमेंसेकोईनहीं

360) हाइड्रोलिक सिलेंडरों में बढ़ते उद्देश्य के लिए निम्नलिखित में से किसका उपयोग किया जाता है?

ए] महिला clevis

बी] परिपत्र निकला हुआ किनारा

सी] ट्रुनियन

D। उपरोक्त सभी

361) जब सिलेंडर को अंतिम छोर पर कुशन किया जाता है तो कुशनिंग पिस्टन की गति को कैसे प्रभावित करती है?

a] कुशनिंग से सिलेंडर के अंतिम छोर के पास पिस्टन की गति कम हो जाती है

b] कुशनिंग से सिलेंडर के अंतिम छोर के पास पिस्टन की गति बढ़ जाती है

ग] कुशनिंग से सिलेंडर में स्ट्रोक की शुरुआत में पिस्टन की गति बढ़ जाती है

d] कुशनिंगसेसिलेंडरमेंस्ट्रोककीशुरुआतमेंपिस्टनकीगतिकमहोजातीहै

362) समायोज्य प्रकार के कुशनिंग में,

ए] पिस्टनरॉडकोबहुतधीमीगतिसेलेजायाजासकताहै

बी] पिस्टन रॉड को तेज गति से ले जाया जा सकता है

सी] दोनों ए] और बी]

डी] उपरोक्त में से कोई नहीं

363) वाल्वों में सिर के नुकसान की गणना के लिए किस सूत्र का उपयोग किया जाता है?

ए] के 2 (वी / 2 जी)

बी] के (वी / 2 जी)

सी] के (v2 / 2 जी)

डी] उपरोक्त में से कोई नहीं

364) वेन पंप और रेडियल पिस्टन पंप में क्या अंतर है?

a] रेडियल पिस्टन पंप में, वेन पंपों में रेडियल स्लॉट्स को रेडियल बोरों द्वारा प्रतिस्थापित किया जाता है जो पिस्टन को समायोजित करते हैं

बी] रेडियल पिस्टन पंप में, वैन पंपों में रेडियल स्लॉट्स को रेडियल बोरों द्वारा प्रतिस्थापित किया जाता है जो स्वैश प्लेट को समायोजित करते हैं

c] रेडियलपिस्टनपंपमें, वेनपंपमेंरेडियलस्लॉट्सकोरेडियलबोर्ससेबदलदियाजाताहै, जोस्वैपप्लेटऔरपिस्टनदोनोंकोसमायोजितकरतेहैं।

डी] उपरोक्त में से कोई नहीं

365) एक पिस्टन पंप को तेल के निर्वहन के लिए कितने स्ट्रोक की आवश्यकता होती है?

ए] एकस्ट्रोक

बी] दो स्ट्रोक

सी] तीन स्ट्रोक

डी] उपरोक्त में से कोई नहीं

366) पिस्टन पंपों में पिस्टन की व्यवस्था कैसी है?

ए] अक्षीयरूपसे

बी] रेडियल

सी] दोनों ए] और बी]

डी] उपरोक्त में से कोई नहीं

367) इनमें से किस पंप में, घूमने वाली शाफ्ट की गति को पारस्परिक गति में बदलने के लिए स्वैप प्लेट का उपयोग किया जाता है?

ए] रेडियल पिस्टन पंप

बी] अक्षीय पिस्टन पंप

ग] तुलाअक्षपिस्टनपंप

D| उपरोक्त सभी

368) अक्षीय पिस्टन पंप को डिजाइन करते समय किन कारकों पर विचार किया जाता है?

ए] स्वाश प्लेट का उपयोग

बी] खुलेलूपयाबंदलूपसर्किटमेंआवेदन

ग] तुला अक्ष पिस्टन पंप का डिजाइन

D| उपरोक्त सभी

369) अक्षीय पिस्टन पंप में स्वाश प्लेट के कोण को समायोजित किया जाता है

ए] प्रतिपूरक

बी] जुए

सी] दोनों ए] और बी]

डी] उपरोक्तमेंसेकोईनहीं

370) अक्षीय पिस्टन पंप में, योक को सिलेंडर ब्लॉक से दूर धकेल दिया जाता है, जिसके कारण,

ए] योक कोण बढ़ता है

b] स्वाश प्लेट का कोण घटता है

सी] दोनोंए] औरबी]

डी] उपरोक्त में से कोई नहीं

371) जब स्वाश प्लेट का कोण कम हो जाता है

ए] प्रवाहदरबढ़जातीहै

बी] प्रवाह दर घट जाती है

ग] प्रवाह दर स्वाश प्लेट कोण पर निर्भर नहीं करती है

डी] उपरोक्त में से कोई नहीं

372) अक्षीय पिस्टन पंप में तेल का निर्वहन क्या होगा, जब स्वाश प्लेट का कोण शून्य होगा?

ए] तेल का निर्वहन अधिकतम है

बी] तेलकानिर्वहनन्यूनतमहै

ग] तेल का कोई निर्वहन नहीं है

डी] उपरोक्त में से कोई नहीं

373) एक तुला अक्ष पिस्टन पंप है

ए] <u>पंपअक्षमुड़ाहुआ</u>

बी] सिलेंडर ब्लॉक जो ड्राइव शाफ्ट के कोण पर झुका हुआ है

सी] दोनों ए] और बी]

डी] उपरोक्त में से कोई नहीं

374) इनमें से किस पंप में, स्वैश प्लेट को सिलेंडर ब्लॉक से बदल दिया जाता है?

ए] बेंट अक्ष पिस्टन पंप

बी] <u>रेडियलपिस्टनपंप</u>

ग] अक्षीय पिस्टन पंप

डी] उपरोक्त में से कोई नहीं

375) क्या होता है जब निकला हुआ किनारा और सिलेंडर ब्लॉक के बीच की दूरी भिन्न होती है?

ए] <u>पिस्टनविस्थापनविविधनहींहोसकता</u>

बी] तरल पदार्थ की परिवर्तनीय प्रवाह दर हासिल की जा सकती है

सी] निश्चित प्रवाह दर हासिल की जा सकती है

D। उपरोक्त सभी

376) सिलेंडर ब्लॉक और शाफ्ट अक्ष के बीच अधिकतम कोण क्या है?

ए] 30o

बी] <u>50o</u>

ग] 45o

D। उपरोक्त सभी

377) पिस्टन को पकड़ने से जुए और सिलेंडर ब्लॉक के बीच का कोण अधिकतम कब रहता है?

ए] <u>जबसेटदबावलोडदबावसेअधिकहोताहै</u>

बी] जब सेट दबाव लोड दबाव से कम होता है

ग] जब सेट दबाव और लोड दबाव समान होते हैं

D। उपरोक्त सभी

378) लो-टॉर्क हाई-स्पीड मोटर्स का उपयोग किया जाता है

ए] क्रेन

बी] <u>विनचेस</u>

ग] प्रशंसक

D। उपरोक्त सभी

379) कौन सी मोटर लगातार कम गति पर चलने के लिए अपने उपयोग के कारण भारी भार का कारण बनती है?

a] लो-टॉर्क हाई-स्पीड मोटर्स
बी] हाई-टॉर्क लो-स्पीड मोटर्स
सी] दोनोंए] औरबी]
डी] उपरोक्त में से कोई नहीं
380) उच्च गति अनुप्रयोगों में प्रयुक्त मोटर्स में है
ए] उच्च गति के साथ उच्च टोक़
बी] उच्चगतिकेसाथकमटोक़
सी] कम गति के साथ उच्च टोक़
डी] उपरोक्त में से कोई नहीं
381) निम्न में से कौन एक प्रकार की लो-टॉर्क हाई-स्पीड मोटर है?
ए] रेडियल पिस्टन मोटर्स
बी] अक्षीयपिस्टनमोटर्स
ग] तुला अक्ष मोटर
डी] गियर मोटर
382) कैम लोब हाइड्रोलिक मोटर एक प्रकार का है
ए] अक्षीय हाइड्रोलिक मोटर
बी] कक्षा हाइड्रोलिक मोटर
ग] गियर हाइड्रोलिक मोटर
डी] रेडियलहाइड्रोलिकमोटर

औद्योगिक प्रशिक्षण संस्थान

मासिक टेस्ट-1, अंक- 20, दिनांक:- ____________________

(प्रत्येक प्रश्न दो अंक का होता है)

8] जिग बुश के निर्माण के लिए धातु है...?
ए] माइल्ड स्टील
बी] कच्चा लोहा
सी] कास्ट स्टील
डी] उपकरण स्टील

9] निम्नलिखित झाड़ी को देखते हुए अक्षय झाड़ी का पता लगाने के लिए किस बस का उपयोग किया जाता है?
ए] फिट बुशिंग दबाएं
बी] रैखिक झाड़ी
सी] विशेष झाड़ी
डी] नर्ड बुशिंग
10] जिग में सहनशीलता है..?

ए] नौकरी सहिष्णुता के पांच वर्तमान

बी] नौकरी सहिष्णुता का दस प्रतिशत

सी] 20% से 50% नौकरी सहनशीलता

डी] 100% नौकरी सहनशीलता

11] बोर से लोकेशन के लिए निम्नलिखित में से किस जिग का उपयोग किया जाता है?

ए] प्लेट जिगो

बी] ठोस जिगो

सी] जिगो पोस्ट करें

डी] बॉक्स जिगो

12] ड्रिल प्लेट वाले किस जिग के बाद?

ए] ठोस जिगो

बी] प्लेट जिगो

सी] बॉक्स जिगो

डी] टेबल जिगो

13] आंतरिक व्यास स्थान के लिए किस लोकेटर का उपयोग किया जाता है?

ए] ठोस सपोर्ट

बी] पिन टाइप लोकेटर

सी] वी लोकेटर

डी] घोंसला लोकेटर

14] ड्रम जिग बुशिंग- आम तौर पर कठोर होते हैं ------------]

ए] माइल्ड स्टील

बी] कच्चा लोहा

सी] कास्ट स्टील

डी] टूई स्टील

15] जिग्स वह उपकरण है जो -------------

ए] काम के टुकड़े का पता लगाएँ

बी] वर्क पीस को पकड़ना और सपोर्ट करना

सी] काटने के उपकरण का मार्गदर्शन करें

डी] उपरोक्त सभी करता है

16] निम्नलिखित में से किस जिग्स का उपयोग बोर से आबंटन के लिए किया जाता है?

ए] प्लेट जिगो

बी] ठोस जिगो

सी] जिगो पोस्ट करें

डी] बॉक्स जिगो

17] स्थिरता एक उत्पादन उपकरण है जो -----------]

ए] काम के टुकड़े को पकड़ता है और उसका पता लगाता है

बी] टुकड़ा रखता है

सी] काम के टुकड़े को चैट करता है,

डी] न तो रखता है और न ही काम के टुकड़े का पता लगाता है

औद्योगिक प्रशिक्षण संस्थान

मासिक टेस्ट -2, अंक- 20, तिथिः- _______________

(प्रत्येक प्रश्न दो अंक का होता है)

18] निम्नलिखित में से किसका उपयोग बड़े पैमाने पर उत्पादन में टूल को निर्देशित करने और नौकरी को बनाए रखने के लिए किया जाता है? '

ए] गेज]

बी] आवास

सी] स्थिरता

डी] जिगो

19] ड्रिल जिग में प्रोई/इडिंग बुशिंग का उद्देश्य निम्नलिखित में से क्या है?

ए] सटीक ड्रिलिंग ऑपरेशन के लिए ड्रिल का सटीक पता लगाने और ड्रिल का मार्गदर्शन करने के लिए

बी] ड्रिल किए जाने वाले छेद के आकार को निर्धारित करने के लिए

सी] आसान ड्रिलिंग के लिए

डी] ड्रिल किए गए छिद्रों में अच्छी तैयार सतह प्राप्त करने के लिए

20] ड्रिल जिग का उपयोग किसके लिए किया जाता है? _

ए] केवल ड्रिल संचालन]

बी] ड्रिलिंग के लिए नौकरी दबाना

सी] ड्रिलिंग, रीमिंग, टैपिंग और अन्य संचालन

डी] केवल टूल्स का मार्गदर्शन करना

21] निम्नलिखित में से किस जिग्स में ड्रिल प्लेट होती है, जो ड्रिल किए जाने वाले घटक पर टिकी होती है

?

ए] ठोस जिगो

बी] प्लेट जिगो

सी] बॉक्स जिगो

डी] ड्रुनियन जिगो

22] जिग एक उपकरण है जो -----------

ए] काम के टुकड़े का पता लगाता है]

बी] वर्कपीस और गाइड टूल को पकड़ें और सपोर्ट करें

सी] काटने के उपकरण का मार्गदर्शन करता है

डी] काटने के उपकरण को पकड़ो]

23] ड्रिल जिग का उपयोग .... के लिए किया जाता है।

ए] ड्रिलिंग, रीमिंग, टैपिंग और अन्य संबद्ध संचालन

बी] केवल ड्रिलिंग ऑपरेशन

सी] ड्रिलिंग करते समय नौकरी दबाना

डी] केवल उपकरण का मार्गदर्शन करना

24] स्थिरता एक उत्पादन उपकरण है जो -------------:-----

ए] वर्क पीस रखती है‘

बी] काम के टुकड़े का पता लगाएँ

सी] काम के टुकड़े को पकड़ता है और ढूंढता है

D] वर्कपीस को न तो पकड़ता है और न ही ढूंढता है

25] बॉक्स जिग का उद्देश्य है

ए] नौकरी पकड़ो और उपकरण को आंतरिक धागे बनाने के लिए मार्गदर्शन करें

बी] कई झुके हुए छिद्रों का उत्पादन करने के लिए

सी] कई सीधे छेद बनाने के लिए

डी] इनमें से कोई नहीं

26] जिग्स और फिक्स्चर --------]

ए] मशीनिंग टूल्स

बी] सटीक उपकरण

सी] दोनों (ए] और (बी)

डी] इनमें से कोई नहीं

27] 'फिक्स्चर की तुलना में वजन के मामले में जिग कैसे हैं?

ए] जिग्स जुड़नार की तुलना में हल्के होते हैं

बी] जिग्स फिक्स्चर से भारी होते हैं

सी] जिग्स एक ही ऑपरेशन के लिए फिक्स्चर के वजन के बराबर हैं

डी] इनमें से कोई नहीं

औद्योगिक प्रशिक्षण संस्थान

मासिक टेस्ट-3, अंक- 20, दिनांक:- ____________________

(प्रत्येक प्रश्न दो अंक का होता है)

28] मशीनिंग भागों के लिए कौन से फिक्स्चर का उपयोग किया जाता है, जो मुस्तह-ए-मशीनीकृत विवरण समान दूरी पर होते हैं?

ए] प्रोफ़ाइल जुड़नार

बी] डुप्लेक्स जुड़नार

सी] अनुक्रमण जुड़नार

डी] इनमें से कोई नहीं

29]हाथ के स्तर के कतरनी के ऊपरी ब्लेड के चाकू काटने वाले किनारे की रूपरेखा क्या है?

ए] घुमावदार

बी] सीधे

सी] झुका हुआ

डी] बेवलड

105] सीएनसी प्रोग्राम में वर्कपीस के परिवर्तन के लिए किस विविध कार्य का उपयोग किया जाता है

ए] एम 30

बी] एम 60

सी] एम68

डी] एम78

106] सीएनसी मशीन पर शून्य ऑफ-सेटिंग के लिए मशीन .... है।

ए] एमडीआई मोड में

बी] जॉग मोड में

सी] स्वचालित मोड में

डी] वर्तमान मोड में

107] एनसी मशीन पर फ़ीड दर ...... कोड द्वारा इंगित की जाती है।

ए] एक्स

द्वारा

सी] एफ

डी] ज़ू

108] अक्ष की स्थिति ....कोड द्वारा इंगित की जाती है।

ए] एक्स, वाई, जेड

बी] पी, क्यू, आर

सी] ए, बी, सी

डी] एम, एन, ओ

109] सीएनसी ड्रिलिंग मशीन चालू है.......एक्सिस प्रोग्राम किया गया।

ए] दो अक्ष

बी] तीन अक्ष

सी] चार अक्ष

डी] छह अक्ष

110] सीएनसी की कंट्रोल यूनिट में ....यूनिट से निर्देश एकत्रित करें

ए] मशीन टूल

बी] निर्देश

सी] चुंबकीय बॉक्स

डी] मेमोरी

111] एनसी मशीन का टेप तैयार करने के लिए---------- कोड का उपयोग किया जाता है।

ए] ईआईए कोड

बी] आईएसओ कोड

सी] एएससी कोड

डी] उनमें से कोई नहीं।

112] सीएनसी मशीन कन्वेंशन मशीन की तुलना में अधिक सटीक उत्पादन देती है, लेकिन यह अधिक

महंगा है क्योंकि।

ए] इसमें एसी केबिन है

B] इसमें डस्ट प्रूफ केबिन है

सी] इसकी मजबूत नींव है

डी] इसमें अधिक जगह है

औद्योगिक प्रशिक्षण संस्थान

मासिक टेस्ट -4, अंक- 20, दिनांकः- ________________

(प्रत्येक प्रश्न दो अंक का होता है)

113] सीएनसी मशीन ग्राफिकल बेस द पॉइंट ऑन डिजिटल लाइन पर काम कर रही है, संकेतित डिजिटल पॉइंट कॉल ....।

एक ग्राफ

बी] इनपुट मीडिया

सी] समन्वय

डी] मूल बिंदु

114] अनुदैर्ध्य फ़ीड के लिए सीएनसी मशीन पर.......अक्ष, क्रॉस फीड......अक्ष और ऊर्ध्वाधर फ़ीड के लिए........अक्ष नाम दिया गया है।

ए] ए, बी, सी

बी] एक्स, वाई, जेड

सी] पी, क्यू, आर

डी] एम, एन, ओ

115] रोटरी गति के लिए सीएनसी मशीन अक्ष में .... नाम दिया गया है।
ए] ए, बी, सी
बी] एक्स, वाई, जेड
सी] पी, क्यू, आर
डी] एम, एन, ओ
116] सीएनसी मशीन का मतलब ......
ए] प्राकृतिक नियंत्रण मशीन
बी] वायवीय नियंत्रण मशीन
सी] संख्यात्मक नियंत्रण मशीन
डी] नो कमांड मशीन
117] हाइड्रोलिक पाइप बेंडिंग मशीन के इनर फॉर्मर्स पाइप को के व्यास तक मोड़ने में सक्षम होते हैं
ए] 40 मिमी
बी] 100 मिमी
सी] 20 मिमी
डी] 75 मिमी
118] ग्राइंडिंग मशीन में प्रयुक्त हाइड्रोलिक द्रव का कौन सा गुण नहीं है?
ए] इसे हवा को नियंत्रित या अवशोषित नहीं करना चाहिए
बी] यह चलती भागों के क्षरण का कारण नहीं बनना चाहिए
सी] पर्याप्त चिपचिपापन होना चाहिए
डी] इसे ऑपरेटिंग तापमान पर वाष्पीकृत करना चाहिए
119] निम्नलिखित में से कौन सा वायवीय प्रणाली का लाभ है?
ए] कम लागत वाले लेआउट के लिए
B] उत्पादन की दर बढ़ाने के लिए
सी] बेहतर कामकाजी माहौल के लिए
120] न्यूमेटिक पावर सिस्टम के किस लाभ के बाद
ए] उत्पादन दर बढ़ाने के लिए।
बी] लेआउट के लिए कम नकद
सी] काम के लिए अच्छा माहौल
डी] सबसे ऊपर
121]हाइड्रोलिक ब्रेक सिस्टम में द्रव का दबाव किसके द्वारा नियंत्रित होता है
ए] कानून उबालता है
बी] चार्ल्स कानून
C] पास्कल का नियम

डी] उपरोक्त कानूनों में से कोई नहीं

122] सिलेंडर के अंदर और बाहर दोनों तरह से तरल पदार्थ की अनुमति देता है

ए] पिस्टन

बी] पुश रॉड

सी] प्राथमिक कप

डी] चेक वाल्व

औद्योगिक प्रशिक्षण संस्थान

मासिक टेस्ट -5, अंक- 20, तिथिः- ______________

(प्रत्येक प्रश्न दो अंक का होता है)

123] एयर टैंक से हवा के अतिरिक्त दबाव से राहत मिलती है]

ए] एयर कंप्रेसर

बी] अनलोडर वाल्व

सी] सुरक्षा वाल्व

डी] ब्रेक चैम्बर

124] अधिकतम वायु दाब को नियंत्रित करता है, वायु टैंक तक पहुँचता है]

ए] एयर कंप्रेसर

बी] अनलोडर वाल्व

सी] सुरक्षा वाल्व

डी] ब्रेक चैम्बर

125] विभिन्न सर्किटों में हवा वितरित करता है

ए] ब्रेक एक्ट्यूएटर

बी] दोहरी ब्रेक वाल्व

सी] सिस्टम सुरक्षा वाल्व

126] एक वोल्टेज स्रोत 20 ओम प्रतिरोध में 40V की एक IR ड्रॉप, 30 ओम प्रतिरोध में 60V और सभी श्रृंखला में 90 ओम प्रतिरोध में 180V का उत्पादन करता है] लागू वोल्टेज कितना है?

ए] 180 वी

बी] 240 वी

सी] 100 वी

डी] 280 वी

127] एक ट्यूब लाइट सर्किट में चोक का प्रारंभिक कार्य है...

ए] प्रारंभिक धारा को सीमित करें

बी] उच्च वोल्टेज प्रेरित

सी] फिलामेंट को गर्म करें

डी] चालू करने के बाद वर्तमान को सीमित करें

128] पीक-टू-पीक वोल्टेज 99V है] साइन वेव का प्रभावी मूल्य कितना बड़ा है?

ए] 70 वी

बी] 44.5 वी

सी] 49.5 वी

डी] 35 वी

129]एक मूविंग कॉइल वाल्टमीटर 10 वी एसी पढ़ता है]प्रभावी वोल्टेज कितना बड़ा है?

एक उच्च

बी] निचला

सी] वही

डी] 10% अधिक

130] एक संधारित्र 200 वोल्ट एसी लाइन से जुड़ा है, इसकी न्यूनतम वोल्टेज रेटिंग होनी चाहिए...

ए] 100 वोल्ट

बी] 200 वोल्ट

सी]300 वोल्ट

डी]400 वोल्ट

131]कार्बन जिंक सेल का नाममात्र आउटपुट वोल्टेज कितना है?

ए]12वी

बी]1.5V

सी] 2.0 वी

डी] 2.2 वी

132]कोशिकाएं श्रृंखला में किससे जुड़ी होती हैं..

ए] आउटपुट वोल्टेज बढ़ाएं

बी] आउटपुट वोल्टेज कम कर देता है

सी]आंतरिक प्रतिरोध में कमी

डी]वर्तमान क्षमता में वृद्धि

औद्योगिक प्रशिक्षण संस्थान

मासिक टेस्ट -6, अंक- 20, तिथि:- _______________

(प्रत्येक प्रश्न दो अंक का होता है)

133] एक अज्ञात डीसी वोल्टेज को मापा जाना है, आप पहले किस माप रेंज का चयन करेंगे?

ए] 500 वी

बी] 50 वी

सी]1.5 वी

डी] 0.5 वी

134]एक चालक में विकसित उष्मा किसके समानुपाती होती है...

ए] शक्ति का वर्ग

बी]प्रतिरोध का वर्ग

C]धारा का वर्ग

डी] समय का वर्ग

135]ट्यूब लाइट सर्किट में चोक का दूसरा कार्य है...

ए]प्रारंभिक धारा को सीमित करें

बी] उच्च वोल्टेज प्रेरित

सी] फिलामेंट को गर्म करें

डी]शुरू करने के बाद वर्तमान को सीमित करें

136] एक गतिमान लोहे का एमीटर 10 ए पढ़ता है] दोलन की चरम धारा कितनी बड़ी है?

ए]7.07 ए

बी]1.1414ए

सी] 70.7 ए

डी] 14.1 ए

137]बिजली कंपनियां पावर फैक्टर को बेहतर बनाने में रुचि रखती हैं

ए] लाइन करंट कम करें

बी] मोटर दक्षता में वृद्धि

C]वोल्ट-एम्पीयर बढ़ाएँ

डी] शक्ति में कमी

138] एक RL समानांतर परिपथ में, कुल धारा के विरोध को कहा जाता है...

ए]प्रतिक्रिया

बी] प्रतिरोध

सी] एक वेक्टर योग

डी] प्रतिबाधा

139] माइक्रो एम्पीयर रेटिंग की एक अज्ञात प्रत्यक्ष धारा को मापा जाना है, आप पहले किस माप रेंज का चयन करेंगे?

ए]20 माइक्रो amp

बी]15 माइक्रो amp

सी] 150 माइक्रो amp

डी] 500 माइक्रो amp

140]पृथ्वी कंडक्टर जमीन के लिए एक मार्ग प्रदान करता है ..
ए] लीकेज करंट
बी] वर्तमान से अधिक
सी] उच्च वोल्टेज
डी]सर्किट करंट
141] कौन सा उपकरण विद्युत धारा के ऊष्मीय प्रभाव पर कार्य करता है?
ए] गरमागरम दीपक
बी]द्विधातु थर्मोस्टेट
सी]एचआरसी फ्यूज
डी] टोस्टर
142] परिनालिका के दो टर्मिनलों को कनेक्ट करें]
ए] पिनियन
बी] ओवर रनिंग क्लच
सी] सवार डिस्क
डी] क्लच

औद्योगिक प्रशिक्षण संस्थान

मासिक टेस्ट-7, अंक- 20, दिनांकः- ________________

(प्रत्येक प्रश्न दो अंक का होता है)

143] जब हॉर्न का बटन दबाया जाता है तो करंट प्रवाहित होकर हॉर्न तक जाता है
ए] हॉर्न स्विच
बी] सोलेनॉइड कॉइल
सी] बैटरी
डी] चेसिस]
144] कोर को चुंबक में बदल देता है
ए] सोलेनॉइड स्विच
बी] सक्रिय तार (गर्म होने पर)
सी] गिट्टी प्रतिरोधी
डी] सक्रिय तार (ठंडा होने पर)
145] एक संधारित्र कनेक्ट होने पर एसी मोटर लोड के पावर फैक्टर मान को बढ़ाता है...
ए] मोटर के साथ श्रृंखला में
बी] स्टार्टर के साथ श्रृंखला में
सी] मोटर के समानांतर
डी] मुख्य घुमावदार के साथ श्रृंखला में
146] तुल्यकालिक मोटर जब शक्ति कारक सुधार के लिए उपयोग की जाती है...

A]अंडर एक्साइटेड

बी] अति उत्साहित

सी] लोडेड

डी]बिना लोड के चल रहा है

147]यदि कोई वाइंडिंग मिक्सर मोटर के धातु के मामले के साथ विद्युत संपर्क बनाती है, तो वाइंडिंग

है...

ए] ग्राउंडेड

बी]ओपन सर्कुलेटेड

सी]शॉर्ट सर्कुलेटेड

डी] ढीला जुड़ा हुआ

148] यदि रोटर का अंतिम शाफ्ट नीला हो जाता है तो यह इस बात का संकेत है कि...

ए]स्कोरिंग

बी] ज़्यादा गरम करना

सी] फ्रीजिंग

डी] burring

149] एक्सट्रीम प्रेशर एडिटिव (EPA) को कटिंग फ्लुइड के साथ मिलाया जाता है ताकि इसकी शक्ति में सुधार किया जा सके।

ए] कूलिंग

बी] स्नेहन

डी] मशीनी सतह का उत्पादन

C] कटिंग जोन की सफाई

150] मशीन टूल्स में लुब्रिकेंट का उपयोग करने का मुख्य उद्देश्य है ------

ए] बनाने वाले हिस्सों को ठंडा करें

बी] मशीन टूल को गर्म होने से रोकें

सी] निकट संपर्क के लिए बनाने वाले हिस्सों को गीला करें

डी] बनाने वाले हिस्सों के बीच घर्षण को कम करें

151] निवारक रखरखाव है ....]

ए] रखरखाव में संवेदनशील उपकरणों का उपयोग शामिल है

बी] रखरखाव आमतौर पर ऑपरेटर द्वारा स्वयं किया जाता है

सी] काम तभी किया जाता है जब मशीन खराब हो जाती है

डी] अप्रत्याशित टूटने को कम करने की योजना

152] ब्रेक डाउन रखरखाव क्या है?

ए] अप्रत्याशित टूटने को कम करने के लिए रखरखाव

बी] रखरखाव आमतौर पर स्वयं ऑपरेटर द्वारा किया जाता है

सी] रखरखाव में खराब हो चुके हिस्सों को बदलना शामिल है

D] मशीन खराब होने पर ही मरम्मत कार्य किया जाता है

औद्योगिक प्रशिक्षण संस्थान

मासिक टेस्ट -8, अंक- 20, तिथि:- ______________

(प्रत्येक प्रश्न दो अंक का होता है)

153] नियमित रखरखाव है ---------

ए] अप्रत्याशित टूटने को कम करने के लिए यह नियोजित रखरखाव है

बी] इस प्रकार के रखरखाव में संवेदनशील उपकरण का उपयोग शामिल है

सी] यह मरम्मत का काम है जब मशीन खराब हो जाती है

डी] इस प्रकार का रखरखाव आम तौर पर ऑपरेटर द्वारा स्वयं किया जाता है

154] एक ठोस उपकरण का अत्याधुनिक उपकरण का बना होता है

ए] कार्बन स्टील

बी] हल्के स्टील

सी] सुपर हाई स्पीड स्टील

डी] स्टेलाइट

155] सीमेंटेड कार्बाइड थ्रेडिंग टूल की नोक है

ए] ब्रेज़्ड

बी] वेल्डेड

सी] मिलाप

D] टांग से जकड़ा हुआ

156] उपकरण काम की सतहों के खिलाफ रगड़ेगा और काटने की शक्ति बढ़ जाती है जब ..

ए] निकासी कोण अधिक है

बी] निकासी परी कम है

सी] रेक कोण अधिक है

D] रेक कोण कम होता है

157] काटते समय चिप का निर्माण किस पर आधारित होता है?...

A] टूल का रेक एंगल

बी] उपकरण का निकासी कोण

C] टूल का वेज एंगल

डी] टूल का क्लीयरेंस और वेज एंगल

158] निम्नलिखित में से कौन सा फ्रंट क्लीयरेंस एंजेल है?

ए] फ्रंट क्लीयरेंस एंगल

बी] कील कोण

सी] कोण काटना

डी] बैक रेक एंगल

159] जब काटने का उपकरण अपनी क्रिया शुरू करता है और इस स्थिति में काटने की शक्ति में वृद्धि होती है तो उपकरण का प्रभाव क्या होता है ..?

ए] उपकरण का निकासी कोण अधिक है

बी] उपकरण का निकासी कोण कम है

C] टूल का रेक एंगल कम होता है

D] टूल का रेक एंगल ज्यादा होता है

160] टूल के लिए रेक एंगल का उद्देश्य है?

ए] मानसिक चिप्स के लिए सही दिशा

बी] काम पर अच्छा परिष्करण

सी] उपकरण के जीवन को बढ़ाने के लिए

डी] नौकरी और उपकरण के बीच घर्षण से बचने के लिए

161] कटिंग टूल के लिए क्लीयरेंस एंगल प्रदान करने का उद्देश्य है?

ए] धातु काटने वाले चिप्स की सही दिशा के लिए

बी] नौकरी के हिट होने पर घर्षण को कम करें

सी] नौकरी घर्षण के ऋषि के लिए

डी] काम पर बेहतर परिष्करण के लिए

162] यदि काटने के उपकरण ऊपरी केंद्र की ऊंचाई निर्धारित करते हैं तो क्या होता है?

ए] शीर्ष रेक कोण बढ़ाएं

बी] कम शीर्ष रेक कोण

सी] शीर्ष रेक कोण पर कोई प्रभाव नहीं

डी] निकासी कोण बढ़ाएँ

औद्योगिक प्रशिक्षण संस्थान

मासिक टेस्ट-9, अंक- 20, दिनांक:- ____________________

(प्रत्येक प्रश्न दो अंक का होता है)

163] यदि कटिंग टूल सेटिंग को केंद्र की ऊंचाई से कम किया जाए तो क्या होगा?

ए] शीर्ष रेक कोण बढ़ाएं

बी] शीर्ष रेक कोण घटाएं

सी] रेक पर कोई प्रभाव नहीं

डी] निकासी कोण घटाएं

164] अगर काटने का उपकरण नौकरी के केंद्र को परेशान कर रहा है?

ए] फ्रंट क्लीयरेंस एंगल बढ़ाएं

बी] फ्रंट क्लीयरेंस एंगल घटाएं

सी] सामने निकासी कोण पर कोई प्रभाव नहीं

डी] उनमें से कोई नहीं

165] अगर कटिंग टूल डाउन है तो जॉब सेंटर की सेटिंग?

ए] फ्रंट क्लीयरेंस एंगल बढ़ा हुआ है

बी] सामने निकासी कोण कम हो गया है

सी] निकासी कोण पर कोई प्रभाव नहीं

डी] उनमें से कोई नहीं

166] जीरो रेक एंगल टूल के लिए देते हैं?

ए] उपकरण के घर्षण से बचने के लिए

बी] उपकरण जीवन को बढ़ाने के लिए

C] सीधे टूल को बढ़ाने के लिए

डी] काम पर बेहतर परिष्करण के लिए

167] कार्बाइड टिप टूल के लिए हार्ड मटेरियल को चालू करने के लिए ...... आवश्यक है?

ए] साइड रेक कोण

बी] शून्य रेक कोण

सी] सकारात्मक रेक कोण

D] ऋणात्मक रेक कोण

168] काटने के उपकरण की धार को नहीं तोड़ने के लिए...?

ए] फ़ीड वृद्धि

बी] काटने की गति कम हुई

सी] नाक की लंबाई कम हो जाती है

डी] ऋणात्मक रेक कोण का प्रयोग करें

169] हाइड्रोलिक मशीनों द्वारा हाइड्रोलिक ऊर्जा को ऊर्जा के दूसरे रूप में परिवर्तित किया जाता है। वह ऊर्जा का कौन सा रूप है?

क) यांत्रिक ऊर्जा

बी) विद्युत ऊर्जा

ग) परमाणु ऊर्जा

डी) लोचदार ऊर्जा

170] हाइड्रोलिक टर्बाइन में किस सिद्धांत का उपयोग किया जाता है?

ए) फैराडे कानून

b) न्यूटन का दूसरा नियम

c) चार्ल्स लॉ

d) ब्रैग्स कानून

171] टरबाइन में प्रयुक्त बाल्टी और ब्लेड का उपयोग निम्न के लिए किया जाता है:

a) पानी की दिशा बदलें

बी) टर्बाइन बंद करें

ग) हवा की गति को नियंत्रित करने के लिए

डी) शक्ति को पुन: उत्पन्न करने के लिए

172] __________ पानी की ऊर्जा से प्राप्त विद्युत शक्ति है।

ए) रोटो गतिशील शक्ति

बी) थर्मल पावर

ग) परमाणु शक्ति

डी) जलविद्युत शक्ति

औद्योगिक प्रशिक्षण संस्थान

मासिक टेस्ट-10, अंक- 20, दिनांक:- ________________

(प्रत्येक प्रश्न दो अंक का होता है)

173] टर्बाइन में उत्पन्न ऊर्जा का उपयोग टर्बाइन शाफ्ट से जुड़े विद्युत ऊर्जा जनरेटर को चलाने के लिए किया जाता है?

क) यांत्रिक ऊर्जा

बी) संभावित ऊर्जा

ग) लोचदार ऊर्जा

d) गतिज ऊर्जा

174] हाइड्रोलिक मशीनें श्रेणी के अंतर्गत आती हैं:

ए) पल्वराइज़र

बी) काइनेटिक मशीनरी

सी) कंडेनसर

d) रोटो-डायनेमिक मशीनरी

175] किस प्रकार के टर्बाइनों में प्रवेश करने वाले पानी के दबाव में परिवर्तन होता है?

ए) प्रतिक्रिया टर्बाइन

बी) आवेग टर्बाइन

ग) प्रतिक्रियाशील टर्बाइन

d) काइनेटिक टर्बाइन

176] पानी के प्रवाह के माध्यम से उसके वेग को बदलने के लिए किस प्रकार के टरबाइन का उपयोग किया जाता है?

a) काइनेटिक टर्बाइन

बी) अक्षीय प्रवाह टर्बाइन

ग) आवेग टर्बाइन

डी) प्रतिक्रिया टर्बाइन

177] फ्रांसिस टर्बाइन किस प्रकार की टर्बाइन है?

ए) इंपल्स टर्बाइन

बी) स्क्रू टर्बाइन

सी) रिएक्शन टर्बाइन

डी) टर्गो टर्बाइन

178]प्रतिक्रिया टर्बाइन कितने प्रकार के होते हैं?

ए) 5

बी 4

ग) 3

घ) 9

179] फोरनेरॉन टर्बाइन किस प्रकार की टर्बाइन है?

क) आवक प्रवाह टर्बाइन

बी) जावक प्रवाह टर्बाइन

ग) मिश्रित प्रवाह टर्बाइन

डी) रेडियल फ्लो टर्बाइन

180] फ्लुइड पावर सर्किट निम्न के लिए योजनाबद्ध आरेखण का उपयोग करते हैं:

ए) घटक फ़ंक्शन विवरण को सरल बनाएं

b) इसे ऐसा बनाएं कि केवल प्रशिक्षित व्यक्ति ही कार्यों को समझ सकें

ग) ड्राइंग को प्रभावशाली बनाएं

d) अप्रशिक्षित व्यक्ति को समझाना

181] एक वायवीय प्रतीक है:

ए) एक ही फ़ंक्शन के लिए उपयोग किए जाने वाले हाइड्रोलिक प्रतीक से अलग

बी) एक ही फ़ंक्शन के लिए उपयोग किए जाने वाले हाइड्रोलिक प्रतीक के समान

सी) एक ही फ़ंक्शन के लिए उपयोग किए जाने वाले हाइड्रोलिक प्रतीक से तुलना नहीं की जानी चाहिए

d) उल्लिखित में से कोई नहीं

182] वायवीय प्रणालियां आमतौर पर इससे अधिक नहीं होती हैं:

ए) 1 एचपी

बी) 1 से 2 एचपी

सी) 2 से 3 एचपी

डी) 4 से 5 एचपी

औद्योगिक प्रशिक्षण संस्थान

मासिक टेस्ट-11, अंक- 20, दिनांक:- ____________________

(प्रत्येक प्रश्न दो अंक का होता है)

183] अधिकांश हाइड्रोलिक सर्किट:

ए) एक केंद्रीय हाइड्रोलिक पावर यूनिट से संचालित होता है

बी) एयर-ओवर-ऑयल बिजली इकाइयों का प्रयोग करें

ग) एक समर्पित बिजली इकाई है

d) समर्पित बिजली इकाई नहीं है

184] हाइड्रोलिक और वायवीय सर्किट:

क) सभी कार्यों के लिए समान रूप से प्रदर्शन करें

बी) सभी कार्यों के लिए अलग-अलग प्रदर्शन करें

ग) कुछ अपवादों के साथ ऐसा ही करें

d) सभी कार्य नहीं करता है

185] वायवीय परिपथ में स्नेहक है:

क) पंक्ति में पहला तत्व

b) पंक्ति में दूसरा तत्व

ग) पंक्ति में अंतिम तत्व

d) पंक्ति में तीसरा तत्व

186] हाइड्रोलिक सिस्टम की पहली लागत की तुलना वायवीय प्रणालियों से करते समय, आम तौर पर वे हैं:

ए) खरीदने के लिए और अधिक महंगा

बी) खरीदने के लिए कम खर्चीला

ग) लागत समान है

घ) लागत की आवश्यकता नहीं है

187] हाइड्रोलिक सिस्टम की परिचालन लागत की तुलना वायवीय प्रणालियों से करते समय, आम तौर पर वे

हैं।

ए) संचालित करने के लिए और अधिक महंगा

बी) संचालित करने के लिए कम खर्चीला

सी) लागत संचालित करने के लिए समान है

घ) लागत की आवश्यकता नहीं है

188] सबसे आम हाइड्रोलिक द्रव है:

ए) खनिज तेल

बी) सिंथेटिक तरल पदार्थ

सी) पानी

घ) जेल

189) हाइड्रोलिक पावर सिस्टम में किस द्रव का उपयोग किया जाता है?

पानी

उबलना

सी] गैर-संपीड़ित तरल पदार्थ

D। उपरोक्त सभी

190) 1 बार का दबाव बराबर होता है

ए] 14]5 पीएसआई

बी] 145 पीएसआई

ग] 12]5 पीएसआई

घ] 145 x 10-6 पीएसआई

191) ओवरलोडिंग का द्रव शक्ति और विद्युत प्रणालियों पर क्या प्रभाव पड़ता है?

a] विद्युत प्रणालियों में विद्युत घटक क्षतिग्रस्त हो जाते हैं

बी] द्रव शक्ति प्रणाली घटकों को नुकसान पहुंचाए बिना काम करना बंद कर देती है

सी] दोनों ए] और बी]

डी] उपरोक्त में से कोई नहीं

192) द्रव विद्युत प्रणालियों में शक्ति का संचार कैसे होता है?

ए] शक्ति तुरंत प्रसारित होती है

बी] शक्ति धीरे-धीरे प्रसारित होती है

सी] दोनों ए] और बी]

डी] उपरोक्त में से कोई नहीं

औद्योगिक प्रशिक्षण संस्थान

मासिक टेस्ट-12, अंक- 20, दिनांक:- ____________________

(प्रत्येक प्रश्न दो अंक का होता है)

193) आम तौर पर तरल पदार्थ गैर-संपीड़ित होते हैं लेकिन जब 70 बार का एक बड़ा दबाव लगाया जाता है, तो पेट्रोलियम तेल को संपीड़ित किया जा सकता है

a] 0] इसकी मूल मात्रा का 5%

बी] इसकी मूल मात्रा का 1%

सी] इसकी मूल मात्रा का 5%

डी] उपरोक्त में से कोई नहीं

194) एक पिस्टन के अंदर द्रव के प्रवाह के लिए दिया गया प्रतिरोध विकसित होता है

ए] दबाव

बी] बल

सी] तनाव

D। उपरोक्त सभी

195) कम दबाव पर, तरल पदार्थ होते हैं

ए] संपीड़ित

बी] गैर-संपीड़ित

ग] अप्रत्याशित

196) हाइड्रोलिक सिस्टम में,

a] यांत्रिक ऊर्जा को तेल में स्थानांतरित किया जाता है और फिर यांत्रिक ऊर्जा में परिवर्तित किया जाता है

बी] विद्युत ऊर्जा को तेल में स्थानांतरित किया जाता है और फिर यांत्रिक ऊर्जा में परिवर्तित किया जाता है

ग] यांत्रिक ऊर्जा को तेल में स्थानांतरित किया जाता है और विद्युत ऊर्जा में परिवर्तित किया जाता है

डी] उपरोक्त में से कोई नहीं

197) निम्न में से किसका उपयोग हाइड्रोलिक पावर यूनिट में एक घटक के रूप में किया जाता है?

ए] दबाव नापने का यंत्र

बी] फिलर गेज

सी] वाल्व

डी] जलाशय

198) हाइड्रोलिक पावर यूनिट में रोटरी गति का उपयोग करके प्राप्त किया जाता है

ए] हाइड्रोलिक सिलेंडर

बी] वायवीय सिलेंडर

ग] दोनों हाइड्रोलिक और वायवीय सिलेंडर

डी] उपरोक्त में से कोई नहीं

199) स्थिर विस्थापन फलक पंप के लिए गति और प्रवाह दर के बीच क्या संबंध है?

ए] रोटर की गति में वृद्धि के साथ प्रवाह दर बढ़ जाती है

बी] रोटर की गति में वृद्धि के साथ प्रवाह दर घट जाती है

ग] प्रवाह दर स्थिर है और गति में परिवर्तन के साथ नहीं बदलता है

डी] उपरोक्त में से कोई नहीं

200) निश्चित विस्थापन फलक पंप में,

ए] काम के दबाव में वृद्धि के साथ प्रवाह दर घट जाती है

बी] काम के दबाव में वृद्धि के साथ प्रवाह दर बढ़ जाती है

सी] प्रवाह दर स्थिर है और काम के दबाव के साथ नहीं बदलता है

डी] उपरोक्त में से कोई नहीं

201) हाइड्रोलिक एक्ट्यूएटर्स द्वारा किस प्रकार की गति का संचार किया जाता है?

ए] रैखिक गति
बी] रोटरी गति
सी] दोनों ए] और बी]
डी] उपरोक्त में से कोई नहीं

202) इलेक्ट्रिक एक्ट्यूएटर का क्या कार्य है?
ए] विद्युत ऊर्जा को यांत्रिक टोक़ में परिवर्तित करता है
बी] यांत्रिक टोक़ को विद्युत ऊर्जा में परिवर्तित करता है
सी] यांत्रिक ऊर्जा को यांत्रिक टोक़ में परिवर्तित करता है
डी] उपरोक्त में से कोई नहीं

www.ingramcontent.com/pod-product-compliance
Ingram Content Group UK Ltd.
Pitfield, Milton Keynes, MK11 3LW, UK
UKHW021915190726
13853UKWH00002B/689